विलोम शब्दकोश

विलोम शब्दकोश

संत समीर

सत्साहित्य प्रकाशन, दिल्ली

प्रकाशक : **सत्साहित्य प्रकाशन**
694, (पहली मंजिल) चावड़ी बाजार, दिल्ली–110006
 / संस्करण : 2025 / मूल्य : चार सौ रुपए
मुद्रक : नरुला प्रिंटर्स, दिल्ली ISBN 978-81-7721-324-9

VILOM SHABDAKOSH (Dictionary of Hindi Antonyms)
by Sant Sameer ₹ 400.00
Published by **SATSAHITYA PRAKASHAN**
694-A, (First Floor) Chawri Bazar, Delhi-110006

अपनी बात

उम्मीद है कि यह 'विलोम शब्दकोश' हिंदी भाषा के अध्येताओं के लिए भरपूर उपयोगी होगा। यों तो बाजार में हिंदी के कई विलोम शब्दकोश उपलब्ध हैं, परंतु ज्यादातर आधे-अधूरे हैं। इस कोश में पहली बार प्रचलित शब्दों पर विस्तार से काम किया गया है। इसमें हिंदी भाषा के प्रचलित शब्द तो समेटे ही गए हैं, अन्य भाषाओं के उन शब्दों पर भी ध्यान दिया गया है, जो आजकल हिंदी में रोजमर्रा प्रयोग किए जा रहे हैं। इस तरह, यह अब तक का हिंदी भाषा का संभवतः सबसे बड़ा 'विलोम शब्दकोश' बन गया है।

सामान्य धारणा है कि 'विलोम शब्दकोश' केवल उन विद्यार्थियों के काम के होते हैं, जिन्हें भाँति-भाँति की परीक्षाएँ देनी होती हैं, लेकिन वास्तविकता यह है कि हिंदी के लिए या हिंदी में काम करनेवाले प्रायः सभी तरह के लोगों को कभी-न-कभी विलोम शब्दों को जानने-समझने की आवश्यकता होती ही है। इस अर्थ में यह कोश विद्यार्थियों, अध्यापकों, लेखकों, पत्रकारों, बुद्धिजीवियों आदि सबका हितसाधक बनेगा, ऐसी उम्मीद की जा सकती है।

इस कोश की एक विशिष्टता यह है कि इसमें संगृहीत सभी शब्द-वर्णों के सुचिंतित क्रम का ध्यान रखते हुए सँजोए गए हैं। इसके अलावा, विद्यार्थियों में हिंदी-वर्णमाला की सामान्य समझ विकसित करने के उद्देश्य से प्रत्येक वर्ण की मूल विशेषता को भी संक्षिप्त में बताया गया है।

ऐसा भी नहीं है कि यह पुस्तक सिर्फ 'विलोम शब्दकोश' भर ही है, बल्कि परिशिष्ट के रूप में इसकी उपयोगिता को विस्तार देने का प्रयत्न किया गया है। विलोम शब्दों पर आधारित पदबंध इसकी रोचकता और उपयोगिता को और बढ़ाते हैं। विलोम शब्दों की बात हो तो पर्यायवाची शब्दों का स्मरण भी होने ही लगता है; सो परिशिष्ट में पर्यायवाची शब्दों की भी एक विस्तृत सूची भी दी गई है।

पुस्तक को पाठकों के हाथों में सौंपते हुए उनके बहुमूल्य सुझावों की अपेक्षा भी जरूर रहेगी, ताकि इसे भविष्य में और अधिक उपयोगी बनाया जा सके।

—संत समीर

अनुक्रम

अ

देवनागरी वर्णमाला का प्रथम वर्ण और प्रथम स्वर। (भाषाविज्ञान की दृष्टि से) 'अ' कंठ्य, ह्रस्व (जिसका दीर्घ रूप 'आ' है), मध्य, अवृत्तमुखी, अर्धविवृत और मूल स्वर है।

अंशकालिक	पूर्णकालिक
अंशत:	पूर्णत:
अंशांकित	अनांशांकित
अंशावतार	पूर्णावतार
अकंटक	कंटकित
अकथनीय	कथनीय
अकरणीय	करणीय
अकराल	कराल
अकर्तव्य/अकर्तव्य	कर्तव्य
अकर्ता	कर्ता
अकर्मक	सकर्मक
अकर्मण्य	कर्मण्य
अकलुष	कलुष
अकल्पनीय	कल्पनीय
अकल्पित	कल्पित
अकल्याण	कल्याण
अकसर	कभी-कभी
अकाम	सकाम
अकाम्य	काम्य
अकारण	सकारण
अकारथ	सकारथ
अकार्बनिक	कार्बनिक
अकाल	सुकाल
अकिंचन	धनवान
अकीर्ति	कीर्ति
अकुटिल	कुटिल
अकुलीन	कुलीन
अकुशल	कुशल, सकुशल
अकृत	कृत
अकृतज्ञ	कृतज्ञ
अकृतज्ञता	कृतज्ञता
अकृत्रिम	कृत्रिम
अकृपा	कृपा
अकृष	कृष
अकृषिक	कृषिक
अकेला	दुकेला

अक्खड़	विनीत	अगाड़ी	पिछाड़ी
अक्खड़पन	विनम्रता	अगुण	सगुण
अकौटिल्य	कौटिल्य	अगूढ़	गूढ़
अक्रम	क्रमवार	अगेय	गेय
अक्रिय	सक्रिय	अगेला	पछेला
अक्लमंद	बेअक्ल, बेवकूफ	अगोचर	गोचर
		अग्नि	जल
अक्लांत	क्लांत	अग्र	पश्च, पश्चात्
अक्लिष्ट	क्लिष्ट	अग्रज	अनुज
अक्षत	विक्षत	अग्रजा	अनुजा
अक्षम	क्षम	अग्रगामी	पश्चगामी
अक्षमता	क्षमता	अग्रलिखित	पश्चलिखित
अक्षम्य	क्षम्य	अग्रालोकन	पूर्वालोकन, पूर्वदृश्य
अक्षय	क्षयशील		
अक्षिहीन	अक्षिवान	अग्राह्य	ग्राह्य
अक्षेम	क्षेम	अघटित	घटित
अखंड	खंडित	अघोष	घोष
अखंडनीय	खंडनीय	अंगीकार	अस्वीकार
अखंडित	खंडित	अंगीकृत	अनंगीकृत, अस्वीकृत
अख्यात	ख्यात		
अख्याति	ख्याति	अचक्रीय	चक्रीय
अगड़ा	पिछड़ा	अचंचल	चंचल
अगड़ी	पिछड़ी	अचपल	चपल
अगणित	गणनीय	अचरम	चरम
अगण्य	गण्य	अचल	चल
अगति	गति	अचारू	चारू
अगम	सुगम	अचिकित्स्य	चिकित्स्य
अगला	पिछला	अचिंतनीय	चिंतनीय
अगवाड़ा	पिछवाड़ा	अचिरजीवी	चिरजीवी
अगवानी	विदाई	अचेत	सचेत
अगाऊ	पिछाऊ	अचेतन	सचेतन

शब्द	विलोम
अचेष्ट	सचेष्ट
अचैन	चैन
अच्छा	बुरा, खराब
अच्छाई	बुराई
अच्छिन्न	छिन्न
अच्छी	बुरी
अच्युत	च्युत
अजड़	जड़
अजय	जय
अज्ञ	विज्ञ
अज्ञान	ज्ञान
अज्ञानी	ज्ञानी
अज्ञेय	ज्ञेय
अटल	डाँवाँडोल, ढुलमुल
अडिग	अस्थिर
अतद्गुण	तद्गुण
अतप्त	तप्त
अतर्क्य	तर्क्य
अतादात्म्य	तादात्म्य
अति	न्यून, अल्प
अतिक्रमण	अनतिक्रमण
अतिवृष्टि	अनावृष्टि
अतीत	अनागत
अतुल्य	तुल्य
अतुष्टि	तुष्टि
अतृप्त	तृप्त
अत्यधिक	स्वल्प
अत्याचार	दयालुता
अत्याचारी	दयालु
अत्यावश्यक	अनावश्यक
अत्रस्त	त्रस्त
अथ	इति
अथाह	छिछला
अदक्ष	दक्ष
अदक्षता	दक्षता
अदक्षिणीय	दाक्षेर्णीय, दक्षिणीय
अदग्ध	दग्ध
अदंडनीय	दंडनीय
अदंड्य	दंड्य
अदब	बेअदब
अदम्य	दमनीय
अदा	गैर-अदाई/गैर-अदायगी
अदांत	दांत
अदिव्य	दिव्य
अदिव्या	दिव्या
अदीक्षित	दीक्षित
अदीप्त	दीप्त
अदीप्ति	दीप्ति
अदुरित	दुरित
अदूर	दूर
अदूरदर्शी	दूरदर्शी
अदृश्य	दृश्य
अदृष्ट	दृष्ट
अदेव	देव
अदेह	सशरीर
अदोष	सदोष
अद्भुत	सामान्य
अद्यतन	अनद्यतन, पुरातन

अद्यतनता पुरातनता
अद्वितीय द्वितीय, अविचित्र
अधन्य धन्य
अधम उत्तम
अधर्म धर्म
अधर्म्य धर्म्य
अधर्षणीय धर्षणीय
अधार्मिक धार्मिक
अधिक न्यून, अल्प, थोड़ा
अधिकतम अल्पतम
अधिकता अल्पता
अधिकांश अल्पांश
अधिकार अनधिकार
अधिकारक अनधिकारक
अधिकृत अनधिकृत
अधिगत अनधिगत
अधिगम्य अनधिगम्य
अधित्यका उपत्यका
अधिमूल्यन अवमूल्यन
अधिष्ठित अनधिष्ठित
अधीन अनधीन, स्वतंत्र
अधीर धीर
अधीरता धीरता, धैर्य
अधुनातन पुरातन
अधूरा पूरा
अधृष्ट धृष्ट
अधोमुखी ऊर्ध्वमुखी
अधोमूल ऊर्ध्वमूल
अध्यवसाय अनध्यवसाय
अध्यात्मवादी जड़तावादी
अध्याय अनध्याय
अध्यापक विद्यार्थी, छात्र
अध्रुव ध्रुव
अनकहा कथित
अनगढ़ सुघढ़
अनगिनत गिना-चुना
अनंगीकार अंगीकार
अनंगीकृत अंगीकृत
अनचाहा मनचाहा
अनजान जानकार
अनदेखा देखाभाला
अनद्यतन अद्यतन
अनधिकार साधिकार
अनधिकारी अधिकारी
अनधिकृत अधिकृत
अननुदिष्ट अनुदिष्ट
अननुनासिक सानुनासिक
अननुभूत अनुभूत
अननुमत अनुमत
अननुरूप अनुरूप
अननुमोदन अनुमोदन
अननुमोदित अनुमोदित
अननुसूचित अनुसूचित
अनंत सांत, ससीम
अनंतरणीय अंतरणीय
अनन्य अन्य
अनन्यमनस्क अन्यमनस्क
अनन्यसंक्रामकता अन्यसंक्रामकता
अनन्यसंक्राम्य अन्यसंक्राम्य
अनन्याश्रित अन्याश्रित

अनन्वित	अन्वित
अनपक्रम	अपक्रम
अनपघात	अपघात
अनपढ़	पढ़ा-लिखा
अनपहार्य	अपहार्य
अनपेक्षित	अपेक्षित
अनब्याहा	ब्याहा
अनभिज्ञ	अभिज्ञ
अनभिव्यक्त	अभिव्यक्त
अनम्र	नम्र
अनरुचि	सुरुचि
अनर्ह	अर्ह
अनल्प	अल्प
अनवगत	अवगत
अनवगम्य	अवगम्य
अनवग्रह	अवग्रह
अनवच्छिन्न	अवच्छिन्न
अनवधान	अवधान
अनवरुद्ध	अवरुद्ध
अनवलंबित	अवलंबित
अनवसर	अवसर
अनश्वर	नश्वर
अनसुना	सुना-सुनाया
अनस्तित्व	अस्तित्व
अनहोनी	होनी
अनाकृष्ट	आकृष्ट
अनाक्रमण	आक्रमण
अनाक्रांत	आक्रांत
अनागत	आगत
अनागम्य	गम्य, सुगम्य
अनागर	नागर
अनाचार	सदाचार
अनाचारी	सदाचारी
अनाजी	फलहारी
अनाज्ञाकारी	आज्ञाकारी
अनाड़ी	होशियार
अनात्मवाद	आत्मवाद
अनात्मवादी	आत्मवादी
अनात्यंतिक	अविराम
अनाथ	सनाथ
अनादर	आदर
अनादि	आदि
अनादृत	आदृत
अनादेय	आदेय
अनाधार	साधार
अनाधिकारिक	आधिकारिक
अनाम	सनाम
अनायत्त	आयत्त
अनायास	सायास
अनाराध्य	आराध्य
अनारूढ़	आरूढ़
अनारोग्य	आरोग्य
अनार्य	आर्य
अनार्ष	आर्ष
अनार्षेय	आर्षेय
अनालाप	आलाप
अनावरण	आवरण
अनावर्तक/अनावर्ती	आवर्तक/आवर्त
अनावश्यक	आवश्यक
अनावृत	आवृत
अनावृत्त	आवृत्त
अनावृत्ति	आवृत्ति

अनावृष्टि	अतिवृष्टि
अनावेदित	आवेदित
अनाशक	नाशक
अनाशा	नाश
अनाशु	आशु
अनाश्य	नाश्य
अनाश्रमी	आश्रमी
अनाश्रय	साश्रय
अनाश्रित	आश्रित
अनासक्त	आसक्त
अनासक्ति	आसक्ति
अनासीन	आसीन
अनास्था	आस्था
अनाहत	आहत
अनाहार्य	आहार्य
अनाहूत	आहूत
अनिच्छा	इच्छा
अनिपुण	निपुण
अनियत	नियत
अनियंत्रित	नियंत्रित
अनियमित	नियमित
अनिरुद्ध	निरुद्ध
अनिर्णय	निर्णय
अनिर्णीत	निर्णीत
अनिर्दिष्ट	निर्दिष्ट
अनिर्भर	निर्भर
अनिर्वचनीय	वचनीय
अनिर्वाच्य	निर्वाच्य
अनिवार्य	निवार्य, ऐच्छिक
अनिश्चय	निश्चय
अनिश्चित	निश्चित
अनिष्ट	शुभ
अनीति	नीति
अनीश्वरवाद	ईश्वरवाद
अनुकूल	अननुकूल, प्रतिकूल
अनुक्रिया	प्रतिक्रिया
अनुगामी	अग्रगामी
अनुग्रह	विग्रह
अनुचित	उचित
अनुच्च	उच्च
अनुच्छिष्ट	उच्छिष्ट
अनुज	अग्रज
अनुजा	अग्रजा
अनुजीवी	आत्मनिर्भर
अनुत्तरदायित्व	उत्तरदायित्व
अनुत्तरदायी	उत्तरदायी
अनुत्तान	उत्तान
अनुत्तीर्ण	उत्तीर्ण
अनुदार	उदार
अनुद्धत	उद्धत
अनुद्यत	उद्यत
अनुद्योगी	उद्योगी
अनुद्विग्न	उद्विग्न
अनुद्वेग	उद्वेग
अनुनयी	अविनयी
अनुन्नत	उन्नत
अनुन्मत्त	उन्मत्त
अनुपकार	उपकार
अनुपम	उपमेय
अनुपयुक्त	उपयुक्त
अनुपयोगी	उपयोगी

अनुपलब्ध	उपलब्ध	अनेकेश्वरवाद	एकेश्वरवाद
अनुपस्थित	उपस्थित	अनैक्य	ऐक्य
अनुपालन	अवज्ञा	अनैच्छिक	ऐच्छिक
अनुपूरक	अननुपूरक	अनैतिक	नैतिक
अनुप्रमाणित	अप्रमाणित	अनैतिकता	नैतिकता
अनुभवहीन	अनुभवी	अनैतिहासिक	ऐतिहासिक
अनुभवी	अनुभवहीन	अनैश्वर्य	ऐश्वर्य
अनुभूत	अननुभूत	अनैसर्गिक	नैसर्गिक
अनुमत	अननुमत	अनोखा	साधारण
अनुमान	निश्चय	अनौपचारिक	औपचारिक
अनुमित	अननुमित	अंत	आदि, आरंभ
अनुमोदन	अननुमोदन	अंत:स्रावी ग्रंथि	बहिस्रावी ग्रंथि
अनुयायी	विरोधी	अंतरंग	बहिरंग
अनुरक्त	विरक्त	अंतर्जगत्	बहिर्जगत्
अनुरत	विरत	अंतर्दृष्टि	बाह्यदृष्टि
अनुराग	विराग	अंतर्द्वंद्व	बहिर्द्वंद्व
अनुरागी	विरागी	अंतर्धान	प्रकट
अनुरूप	अननुरूप	अंतर्भूत	बहिर्भूत
अनुरूपता	असमानता	अंतर्मन	बाह्यमन
अनुरोध	प्रतिरोध	अंतर्मुख	बहिर्मुख
अनुर्वर	उर्वर	अंतिम	प्रथम
अनुलोम	प्रतिलोम	अंदर	बाहर
अनुवर्ती	पूर्ववर्ती	अंदरूनी	बाहरी
अनुशासित	अनुशासनहीन	अंदाज	बेअंदाज
अनूठा	सामान्य	अंधकार	प्रकाश
अनूठापन	साधारणतया	अँधेरा	उजाला
अनेक	एक	अन्याय	न्याय
अनेकता	एकता	अन्यून	न्यून
अनेकरूपता	एकरूपता	अन्वय	अनन्वय
अनेकार्थक	एकार्थक	अन्वित	अनन्वित
अनेकाश्रय	एकाश्रय	अन्विति	अनन्विति

अपकर्म	सुकर्म	अपरिणीत	परिणीत
अपकर्ष	उत्कर्ष	अपरिणीता	अपरिणीता
अपकार	उपकार	अपरिपक्व	परिपक्व
अपकारक	उपकारक	अपरिमित	परिमित
अपकीर्ति	कीर्ति, सुकीर्ति	अपरिमेय	परिमेय
अपकृत	उपकृत	अपरिवर्तनीय	परिवर्तनीय
अपकेंद्र बल	अभिकेंद्र बल	अपरिष्कृत	परिष्कृत
अपंचीकृत	पंचीकृत	अपरिहार्य	परिहार्य
अपंजीकृत	पंजीकृत	अपरीक्षित	परीक्षित
अपटु	पटु	अपरुष	परुष
अपठनीय	पठनीय	अपरूप	सुरूप
अपंडित	पंडित	अपर्याप्त	पर्याप्त
अपण्य	पण्य	अपवित्र	पवित्र
अपढ़	पढ़ा-लिखा	अपव्ययी	मितव्ययी
अपथ्य	पथ्य	अपशकुन	शकुन
अपदस्थ	पदासीन	अपसामान्य	सामान्य
अपना	पराया	अपसारी	अभिसारी
अपनाना	ठुकराना	अपसौर	उपसौर
अपनापन	परायापन	अपहास	संजीदगी
अपभाषण	सुभाषण	अपाकृति	अशोधन
अपमान	सम्मान	अपाठ्य	सुपाठ्य
अपमानजनक	सम्मानजनक	अपात्र	पात्र
अपमानित	सम्मानित	अपाप	पाप
अपयश	यश	अपार	अल्प
अपराधिता	निरपराधिता	अपार्थिव	पार्थिव
अपराधी	निरपराध	अपासरण	आगमन
अपरिग्रह्य	परिग्रह्य	अपीत	पीत
अपरिचित	परिचित	अपीन	पीन
अपरिच्छिन्न	परिच्छिन्न	अपुच्छ	सपुच्छ
अपरिणत	परिणत	अपुण्य	पुण्य
अपरिणामी	परिणामी	अपुनरावर्ती	पुनरावर्ती

अपुष्कल	पुष्कल	अप्रवर्तक	प्रवर्तक
अपुष्ट	पुष्ट	अप्रवीण	प्रवीण
अपूर्ण	पूर्ण	अप्रवृत्त	प्रवृत्त
अपेक्षण	अनपेक्षण	अप्रवेश्य	प्रवेश्य
अपेक्षा	उपेक्षा	अप्रशंसनीय	प्रशंसनीय
अपेक्षित	अनपेक्षित	अप्रशस्त	प्रशस्त
अपेय	पेय	अप्रसन्न	प्रसन्न
अप्रकाशनीय	प्रकाशनीय	अप्रसिद्ध	प्रसिद्ध
अप्रकाशित	प्रकाशित	अप्रसाधित	प्रसाधित
अप्रगल्भ	प्रगल्भ	अप्रस्तुत	प्रस्तुत
अप्रचलन	प्रचलन	अप्राकरणिक	प्राकरणिक
अप्रचलित	प्रचलित	अप्राकृत	प्राकृत
अप्रचारित	प्रचारित	अप्राकृतिक	प्राकृतिक
अप्रच्छन्न	प्रच्छन्न	अप्राज्ञ	प्राज्ञ
अप्रज्ञ	प्रज्ञ	अप्राण	सप्राण
अप्रतिकारी	प्रतिकारी	अप्राधिकृत	प्राधिकृत
अप्रतिदेय	प्रतिदेय	अप्राप्य	प्राप्य
अप्रतिपत्ति	प्रतिपत्ति	अप्रामाणिक	प्रामाणिक
अप्रतिपन्न	प्रतिपन्न	अप्रामाण्य	प्रामाण्य
अप्रतिबद्ध	प्रतिबद्ध	अप्रायिक	प्रायिक
अप्रतिम	तुल्य	अप्रायोगिक	प्रायोगिक
अप्रतिष्ठा	प्रतिष्ठा	अप्रासंगिक	प्रासंगिक
अप्रतिहत	प्रतिहत	अप्रिय	प्रिय
अप्रतिहार्य	प्रतिहार्य	अप्रीति	प्रीति
अप्रत्यक्ष	प्रत्यक्ष	अफसोस	खुशी
अप्रत्यक्ष कर	प्रत्यक्ष कर	अब	तब
अप्रत्याशित	प्रत्याशित	अबला	सबला
अप्रभावित	प्रभावित	अबाध	बाधित
अप्रभावी	प्रभावी	अबाध्य	बाध्य
अप्रमत्त	प्रमत्त	अबोध	समझदार, सुबोध
अप्रयुक्त	प्रयुक्त		

अब्बा	अम्मा	अभ्यस्त	अनभ्यस्त
अभद्र	भद्र	अभ्यास	अनभ्यास
अभागा	भाग्यवान्	अमति	सुमति
अभाग्य	भाग्यवान	अमंगल	मंगल
अभाव	भाव, प्रचुरता	अमर	मर्त्य
अभिकेंद्र बल	अपकेंद्र बल	अमरता	नश्वरता
अभिजात	कुजात	अमर्यादा	मर्यादा
अभिज्ञ	अनभिज्ञ	अमर्ष	धैर्य
अभिनव	प्राचीन	अमलिन	मलिन
अभिनेता	अभिनेत्री	अमान	मान
अभिनंदनीय	निंदनीय	अमानत	खयानत
अभिन्न	भिन्न	अमानवी	मानवी
अभिपवन पार्श्व	प्रतिपवन पार्श्व	अमानवीय	मानवीय
अभिपुष्टि	अपुष्टि	अमानी	मानी
अभिप्रेत	अनिभिप्रेत	अमानुषिक	मानुषिक
अभिमानी	निरभिमानी	अमानुषीय	मानुषीय
अभिमुख	प्रतिमुख	अमान्य	मान्य
अभिरुचि	अरुचि	अमावस्या/अमावस	पूर्णिमा
अभिलषित	अनभिलषित	अमित	मित, परिमित
अभिव्यक्त	अनभिव्यक्त	अमितव्ययी	मितव्ययी
अभिशाप	वरदान	अमीर	गरीब
अभिसरण	अपसरण	अमुक्त	मुक्त
अभिसार	बिछोह	अमुक्ति	मुक्ति
अभिहित	अनभिहित	अमूर्त	मूर्त
अभी	तभी	अमृत	विष
अभीप्सा	अनिच्छा	अमौन	मौन
अभीष्ट	अनभीष्ट	अमौलिक	मौलिक
अभेद	भेद	अंबर	धरा
अभेदनीय	भेदनीय	अंबु	अनल
अभेद्य	भेद	अम्लान	म्लान
अभौतिक	भौतिक	अयजनीय	यजनीय

अयतेंद्रिय	यतेंद्रिय
अयथापूर्व	यथापूर्व
अयथार्थ	यथार्थ
अयथावत्	यथावत्
अयथास्थित	यथास्थित
अयथेष्ट	यथेष्ट
अयथोचित	यथोचित
अयशस्वी	यशस्वी
अयुक्त	उपयुक्त
अयोग्य	योग्य
अयौक्तिक	यौक्तिक
अराजपत्रित	राजपत्रित
अराष्ट्रीय	राष्ट्रीय
अरि	मित्र
अरुक्ष	रुक्ष
अरुग्ण	रुग्ण
अरुचि	रुचि
अरुचिकर	रुचिकर
अरुष्ट	रुष्ट
अरूढ़	रूढ़
अर्जन	व्ययन
अर्जित	अनर्जित
अर्थ	अनर्थ
अर्थपिशाच	दानशील
अर्थवान	अर्थहीन, निरर्थक
अर्थ-विस्तार	अर्थ-संकोच
अर्थोत्कर्ष	अर्थापकर्ष
अर्ध	पूर्ण
अर्पण	ग्रहण
अर्वाचीन	प्राचीन

अर्हता	अनर्हता
अलंकृत	अनलंकृत
अलंघ्य	लंघ्य
अलक्षण	सुलक्षण
अलक्षित	लक्षित
अलक्ष्य	लक्ष्य
अलख	गोचर
अलग	शामिल
अलगाव	मिलन
अलभ्य	लभ्य
अलमस्त	चिंताग्रस्त
अलिखित	लिखित
अलिप्त	लिप्त
अलोकप्रिय	लोकप्रिय
अलौकिक	लौकिक
अल्प	अनल्प, महा, बहु, प्रचुर
अल्पकालीन	दीर्घकालीन
अल्पज्ञ	बहुज्ञ
अल्पप्राण	महाप्राण
अल्पमत	बहुमत
अल्पसंख्यक	बहुसंख्यक
अल्पायु	दीर्घायु
अल्पावस्था	वृद्धावस्था
अल्पाहार	पूर्णाहार
अवकाश	अनवकाश
अवगत	अनवगत
अवगाह्य	अनवगाह्य
अवगुण	गुण
अवडीन	उड्डीन
अवनत	उन्नत

अवनति	उन्नति	अविक्षिप्त	विक्षिप्त
अवनमन कोण	उन्नयन कोण	अविचल	निचल,
अवनि	अंबर		डाँवाँडोल,
अवमानना	सम्मान		ढुलमुल
अवयस्क	वयस्क	अविचार	सुविचार
अवर	प्रवर	अविचार्य	विचार्य
अवरुद्ध	अनवरुद्ध	अविच्छित्र	विच्छित्र
अवरोपण	रोपण	अविच्छिन्न	विच्छिन्न
अवरोह	आरोह	अविज्ञ	विज्ञ
अवरोहण	आरोहण	अविज्ञात	विज्ञात
अवर्णनीय	वर्णनीय	अविज्ञेय	विज्ञेय
अवलंबित	अनवलंबित	अविदग्ध	विदग्ध
अवशिष्ट	अशेष	अविदित	विदित
अवशेष	नि:शेष	अविदूर	विदूर
अवसन्न	प्रसन्न	अविद्यमान	विद्यमान
अवसर	अनवसर	अविद्या	विद्या
अवसर्पिणी	उत्सर्पिणी	अविद्वत्ता	विद्वत्ता
अवसाद	प्रसन्नता	अविधवा	विधवा
अवस्थित	अनवस्थित	अविधि	विधिपूर्वक,
अवहेलना	आज्ञापालन		सविधि,
अवाक्	सवाक्		विधिविहित
अवांछनीय	वांछनीय	अविनय	विनय
अवाच्य	वाच्य	अविनश्वर	नश्वर
अवार	पार/वार	अविनाशी	नाशवान्
अविकसित	विकसित	अविनीत	विनीत
अविकार	विकार	अविपन्न	विपन्न
अविकारी	विकारी	अविबुध	विबुध
अविकार्य	विकार्य	अविभाज्य	विभाज्य
अविकृत	विकृत	अवियोग	वियोग
अविक्रय	विक्रय	अवियोच्य	वियोच्य
अविक्रेय	विक्रेय	अविरति	विरति

अविरल	विरल
अविराम	सविराम/विराम
अविरुद्ध	विरुद्ध
अविरोध	विरोध
अविरोधी	विरोधी
अविलंब	विलंब
अविवाहित	विवाहित
अविविक्त	विविक्त
अविवेक	विवेक
अविशिष्ट	विशिष्ट
अविशेषज्ञ	विशेषज्ञ
अविश्रांत	विश्रांत
अविश्वसनीय	विश्वसनीय
अविश्वास	विश्वास
अविश्वास-पात्र	विश्वास-पात्र
अविस्तीर्ण	विस्तीर्ण
अविस्तृत	विस्तृत
अविस्मरणीय	विस्मरणीय
अविहित	विहित
अवीर	वीर
अवृथा	वृथा
अवेद्य	वेद्य
अवैतनिक	वैतनिक
अवैदिक	वैदिक
अवैध	वैध
अवैधव्य	वैधव्य
अवैधानिक	वैधानिक
अवैमत्य	वैमत्य
अवैयक्तिक	वैयक्तिक
अव्यक्त	व्यक्त
अव्यग्र	व्यग्र

अव्यभिचार	व्यभिचार
अव्यभिचारी	व्यभिचारी
अव्यवस्थ	व्यवस्थ
अव्यवस्था	व्यवस्था, सुव्यवस्था
अव्यवस्थित	व्यवस्थित
अव्यवहृत	व्यवहृत
अव्याख्येय	व्याख्येय
अव्यापक	व्यापक
अव्याप्त	व्याप्त
अव्याप्ति	व्याप्ति
अव्यवहार्य	व्यवहार्य
अव्यावहारिक	व्यावहारिक
अव्यावृत	व्यावृत
अव्याहत	व्याहत
अव्वल	आखिरी
अशकुन	शकुन
अशक्त	शक्त
अशंक	सशंक
अशंकित	शंकित
अशन	अनशन
अशर्त	सशर्त
अशस्त्र	सशस्त्र
अशांत	शांत
अशांति	शांति
अशाम्य	शाम्य
अशालीन	शालीन
अशासकीय	शासकीय
अशास्त्रीय	शास्त्रीय
अशिक्षित	शिक्षित
अशिव	शिव

अशिष्ट	शिष्ट	असत्य	सत्य
अशुद्ध	शुद्ध	असदृश	सदृश
अशुभ	शुभ	असद्भावना	सद्भावना
अशृंगिक	शृंगिक	असद्वृत्ति	सद्वृत्ति
अशेष	शेष	असंत	संत
अशोक	शोक	असंतुष्ट	संतुष्ट
अशोभनीय	शोभनीय	असंतोष	संतोष
अश्लाघ्य	श्लाघ्य	असंतोषी	संतोषी
अश्लील	श्लील	असंदिग्ध	संदिग्ध
अश्व	अश्विनी	असन्नद्ध	सन्नद्ध
असंगत	सुसंगत	असन्निकर्ष	सन्निकर्ष
असंतुष्ट	संतुष्ट	असन्निधि	सन्निधि
असंतोष	संतोष	असन्निहित	सन्निहित
असंबद्ध	संबद्ध	असफल	सफल
असंभव	संभव	असफलता	सफलता
असंयत	संयत	असभ्य	सभ्य
असंयति	संयति	असभ्यता	सभ्यता
असंयम	संयम	असम	सम
असंयोग	संयोग	असमकालिक	समकालिक
असंवृत	संवृत	असमंजन	समंजन
असंसक्ति	संसक्ति	असमता	समता
असंसदीय	संसदीय	असमन्वय	समन्वय
असंस्कृत	संस्कृत	असमय	सुसमय
असंस्थित	संस्थित	असमर्थ	समर्थ
असंहत	संहत	असमर्थता	समर्थता
असंकुल	संकुल	असमवायी	समवायी
असंक्रामक	संक्रामक	असमस्त	समस्त
असंगत	संगत	असमान	समान
असंगति	संगति	असमाप्त	समाप्त
असज्जन	सज्जन	असंपूर्ण	संपूर्ण
असतर्क	सतर्क	असंपृक्त	संपृक्त

असंबंध	संबंध
असंभव	संभव
असंभावना	संभावना
असंभावित	संभावित
असंभावी	संभावी
असंभाष्य	संभाष्य
असंभूति	संभूति
असम्मान	सम्मान
असयाना	सयाना
असयानी	सयानी
असर	बेअसर
असली	नकली
असहनशील	सहनशील
असहनीय	सहनीय
असहमत	सहमत
असहयोग	सहयोग
असहाय	सहायक
असहिष्णु	सहिष्णु
असह्य	सह्य
असांविधिक	सांविधिक
असाक्षात्	साक्षात्
असातत्य	सातत्य
असात्म्य	सात्म्य
असाधनीय	साधनीय
असाधारण	साधारण
असाधित	साधित
असाधु	साधु
असाध्य	साध्य
असांतत्य	सांतत्य
असामयिक	सामयिक
असामर्थ्य	सामर्थ्य
असामाजिक	सामाजिक
असामान्य	सामान्य
असांप्रदायिक	सांप्रादायिक
असार	सारगर्भित
असावधान	सावधान
असित	सित
असिद्ध	सिद्ध
असीम	ससीम
असीमित	सीमित
असुंदर	सुंदर
असुर	सुर
असुविधा	सुविधा
असुहाता	सुहाता
असुहाती	सुहाती
असूया	अनसूया
असेवित	सेवित
असौम्य	सौम्य
अस्त	उदय
अस्तब्ध	स्तब्ध
अस्तित्व	अनस्तित्व
अस्तिरूप	नास्तिरूप
अस्त्रीकरण	निरस्त्रीकरण
अस्थायी	स्थायी
अस्थिर	स्थिर
अस्थूल	स्थूल
अस्थैर्य	स्थैर्य
अस्निग्ध	स्निग्ध
अस्पर्श	स्पर्श
अस्पष्ट	स्पष्ट
अस्पृश्य	स्पशृय
अस्पृश्यता	स्पृश्यता

अस्पृष्ट	स्पृष्ट	अहानिकर	हानिकर
अस्फुट	स्फुट	अहित	हित
अस्वतंत्र	स्वतंत्र	अहितकर	हितकर
अस्वर्ग्य	स्वर्ग्य	अहितकारी	हितकारी
अस्वस्थ	स्वस्थ	अहीन	हीन
अस्वाधीन	स्वाधीन	अहंकार	अनहंकार
अस्वाध्याय	स्वाध्याय	अहंकारी	निहंकार
अस्वाभाविक	स्वाभाविक	अहिंसा	हिंसा
अस्वीकार	स्वीकार	अहिंस्त्र	हिंस्त्र
अस्वीकृत	स्वीकृत	अहित	हित
अस्वीकृति	स्वीकृति	अहेतु	हेतु
अस्वेदल	स्वेदल	अहेतुक	हेतुक
अहंकार	निरहंकार	अँधेरा	उजाला

□

आ

देवनागरी वर्णमाला का दूसरा स्वर। यह कंठ्य, दीर्घ ('अ' का दीर्घ रूप), मध्य, आवृत्तमुखी, तथा अर्धविवृत स्वर है और 'घोष' ध्वनि है।

आंशिक	पूर्णरूपेण
आकर्षक	अनाकर्षक
आकर्षण	अनाकर्षण, अपकर्षण, विकर्षण
आकाश	पाताल
आकाशचारी	पातालचारी
आकांक्षा	अनाकांक्षा
आकार	निराकार
आकीर्ण	विकीर्ण
आकुल	अनाकुल
आकृति	अनाकृति
आकृष्ट	विकृष्ट, अनाकृष्ट
आक्रमण	प्रतिरक्षा
आक्रांत	अनाक्रांत, आक्रामक
आक्रामक	आक्रांत, अनाक्रामक
आक्षेप	अनाक्षेप
आखीर	शुरू
आग	पानी
आगत	गत/विगत
आगमन	गमन
आगा	पीछा
आगामी	विगत
आगे	पीछे
आग्रह	दुराग्रह
आघात	प्रतिघात
आचरण	अनाचार
आचार	अनाचार
आच्छादित	अनाच्छादित
आज	कल
आजाद	गुलाम
आजादी	गुलामी
आज्ञा	अवज्ञा
आज्ञाकारी	अवज्ञाकारी
आज्ञापालन	अवज्ञा

आडंबर	सादगी
आडंबरपूर्ण	अडंबरहीन
आतप	छाया
आतुर	अनातुर
आत्मनिर्भर	परजीवी
आत्मज्ञानी	अज्ञानी
आत्मवादी	अनात्मवादी
आत्मा	परमात्मा
आत्मिक	भौतिक
आदमी	औरत
आदमीयत	हैवानियत
आदर	अनादर
आदरणीय	अनादरणीय
आदर्श	अनादर्श
आदान	प्रदान
आदि	अंत
आदिम	अंतिम
आदिष्ट	अनादिष्ट
आद्य	अंत्य
आदृत	अनादृत, निरादृत, तिरस्कृत
आधा	पूरा
आधार	निराधार
आधिक्य	अनाधिक्य
आधुनिक	प्राचीन, पुराना
आध्यात्मिक	सांसारिक
आना	जाना
आनंद	विषाद, शोक
आनंदप्रद	कष्टप्रद
आनंदमग्न	शोकमग्न
आनंदमय	विषादपूर्ण, शोकमग्न
आनुषंगिक	प्रमुख
आंतर	बाह्य
आंतरिक	बाह्य
आंतरिकता	बाह्यता
आंदोलन	शांति
आपत्काल	सुकाल
आपत्ति	संपत्ति
आपसदारी	दुजायगी
आप्त	अनाप्त
आबरू	बेआबरू
आबाद	सूना, बरबाद
आभारी	कृतघ्न
आभ्यंतर	बाह्य
आम	खास
आमदनी	खर्च
आमंत्रित	अनामंत्रित
आमिष	निरामिष
आमिषभोजी	निरामिषभोजी
आय	व्यय
आयात	निर्यात
आयास	अनायास
आयुष्मान	अल्पजीवी
आरक्षित	अनारक्षित
आरंभ	अंत, समापन, समाप्त
आराम	तकलीफ
आराध्य	दुराराध्य
आरोह	अवरोह
आरोहण	अवरोहण

अवरोही	आरोही
आर्जव	अनार्जव
आर्द्र	शुष्क, अनार्द्र
आर्य	अनार्य
आर्ष	अनार्ष
आलंब	निरालंब
आलसी	निरालस्य
आलस्य	स्फूर्ति
आलोक	अंधकार
आलोचक	प्रशंसक
आलोचना	प्रशंसा
आलोचित	अनालोचित
आवक	जावक
आवरण	अनावरण
आवर्तक	अनावर्तक
आवर्षण	अनावर्षण
आवश्यक	अनावश्यक
आवाहन	विसर्जन
आविर्भाव	तिरोभाव, अवसान
आविर्भूत	तिरोभूत
आवृत	अनावृत
आवृत्त	अनावृत्त
आवृत्ति	अनावृत्ति
आवृष्टि	अनावृष्टि
आवेशित	अनावेशित
आशा	निराशा
आशाजनक	निराशाजनक
आशावाद	निराशावाद
आशावादी	निराशावादी
आशाहीन	आशावान्
आशीष	अभिशाप
आशीर्वाद	शाप, अभिशाप
आश्रय	निराश्रय
आश्रित	अनाश्रित, बेसहारा
आसक्त	अनासक्त, विरक्त
आसक्ति	अनासक्ति
आसान	मुश्किल
आसानी	मुश्किल
आसुरी	संपत्ति
आस्तिक	नास्तिक
आस्था	अनास्था
आस्थाहीन	आस्थावान्
आस्वाद	अनास्वाद
आस्वादित	अनास्वादित
आहत	अनाहत
आहार	निराहार
आहारी	निराहारी
आहार्य	अनाहार्य
आहिस्ता	बेतहाशा
आहूत	अनाहूत
आह्लाद	विषाद
आह्वान	विसर्जन

□

इ

देवनागरी वर्णमाला का तीसरा स्वर। यह 'तालव्य', 'ह्रस्व' (जिसका दीर्घ रूप 'ई' है), अग्र, अवृत्तमुखी, संवृत, तथा 'मूल' स्वर है और 'घोष' ध्वनि है।

शब्द	विलोम
इकतरफा	दुतरफा
इकरार	इनकार
इच्छा	अनिच्छा
इच्छित	अनिच्छित, अनचाहा
इच्छुक	अनिच्छुक
इजाजत	इनकार
इज्जत	बेइज्जती
इतस्ततः	उतस्ततः
इतमीनान	बेसब्री
इति	अथ
इतिश्री	अथश्री
इधर	उधर
इनकलाब	अमन
इकरार	इनकार
इनसान	हैवान
इनसाफ	बेइनसाफी
इनाम	जुर्माना
इंतकाल	जिंदगी
इंतजाम	बदइंतजामी
इंद्र	इंद्राणी
इन्हीं	उन्हीं
इल्तिजा	हुक्म
इनसाफ	नाइनसाफी
इष्ट	अनिष्ट
इहलोक	परलोक
इहलौकिक	पारलौकिक

ई

देवनागरी वर्णमाला का चौथा स्वर। यह तालव्य, दीर्घ ('इ' का दीर्घ रूप), अग्र, आवृत्तमुखी, संवृत और घोष है।

ईद	मुहर्रम
ईडिपस ग्रंथि	इलेक्ट्रा ग्रंथि
ईप्सा	अनीप्सा
ईप्सित	अनीप्सित
ईमानदार	बेईमान
ईश	अनीश
ईश्वर	जीव
ईश्वरवादी	अनीश्वरवादी
ईषत्	प्रचुर
ईर्ष्या	प्रेम
ईहा	अनिच्छा

□

उ

देवनागरी वर्णमाला का पाँचवाँ स्वर। यह ओष्ठ्य, ह्रस्व (जिसका दीर्घ रूप 'ऊ' है), पश्च, वृत्तमुखी, संवृत और मूल स्वर है तथा घोष ध्वनि है।

उगण	गणी
उक्त	अनुक्त
उखड़ना	जमना
उखाड़ना	जमाना
उगलना	निगलना
उगलवाना	निगलवाना
उग्र	सौम्य
उग्रता	सौम्यता
उग्रदर्शन	सौम्यदर्शन
उग्रा	सौम्या
उघड़ना	ढक जाना
उघाड़ना	छिपाना
उचटना	लगना
उचित	अनुचित
उच्च	अनुच्च, निम्न, नीचा
उच्चतम	निम्नतम
उच्चतर	निम्नतर
उच्चता	नीचता, निम्नता
उच्चरित	अनुच्चरित
उच्छिष्ट	अनुच्छिष्ट
उच्छृंखल	सीधा-सादा
उच्छ्वास	निःश्वास
उजड़ना	बसना
उजड्ड	सभ्य
उजला	मैला
उजाड़ना	बसाना
उजागर	गुप्त
उजाला	अँधेरा
उज्ज्वल	धूमिल
उटज	प्रासाद
उठना	बैठना, गिराना
उठाना	बैठाना
उड्डीन	अवडीन
उतना	इतना
उतरना	चढ़ना
उतराई	चढ़ाई
उतराना	डूबना

उतहि	इतहि	उत्प्रवास	आप्रवास
उतार	चढ़ाव	उत्प्रवासन	आप्रवासन
उतै	इतै	उत्प्रवासी	आप्रवासी
उत्कंठा	अनुत्कंठा	उत्साह	निरुत्साह
उत्कर्ष	अपकर्ष	उत्सुक	अनुत्सुक
उत्कर्षी	अपकर्षी	उत्सुकता	अनुत्सुकता
उत्कृष्ट	निकृष्ट	उदक	अग्नि
उत्कृष्टता	निकृष्टता	उदग्र	अनुदग्र
उत्तम	अधम	उदय	अस्त
उत्तमर्ण/ उत्तमर्णिक	अधमर्ण (कर्ज लेनेवाला)	उदयाचल	अस्ताचल
		उदात्त	अनुदात्त
		उदार	अनुदार
उत्तर	प्रश्न	उदारता	अनुदारता, कृपणता
उत्तरदायी	अनुत्तरदायी		
उत्तरपक्ष	पूर्वपक्ष	उदास	प्रसन्न
उत्तरवस्त्र	अधोवस्त्र	उदासीन	आसक्त
उत्तरायण	दक्षिणायन	उदित	अस्त
उत्तरार्ध	पूर्वार्ध	उद्दंड	शिष्ट
उत्तरित	अनुत्तरित	उद्धत	अनुद्धत, विनीत, सौम्य
उत्तरी	दक्षिणी		
उत्ता	इत्ता	उद्धृत	अनुद्धृत
उत्तीर्ण	अनुत्तीर्ण	उद्भव	अवसान
उत्तेजक	अनुत्तेजक	उद्भूत	अनुद्भूत
उत्तेजन	प्रशमन	उद्यत	अनुद्यत
उत्तेजित	अनुत्तेजित, शांत	उद्यम	आलस्य
उत्थान	पतन	उद्यमी	आलसी, निरुद्यमी
उत्पत्ति	विनाश		
उत्पन्न	अनुत्पन्न, मृत	उद्योगी	अनुद्योगी
उत्पात	शांत	उद्विग्न	अनुद्विग्न, निरुद्विग्न
उत्पादक	अनुत्पादक		
उत्पादन	उपभोग	उद्वेग	निरुद्वेग

उधार	नकद
उधर	इधर
उधेड़ना	सिलना
उन्नत	अनुन्नत, अवनत
उन्नति	अवनति,
	गिरावट
उन्नयन कोण	अवनयन कोण
उन्मज्जक	निमज्जक
उन्मत्त	अनुन्मत्त
उन्मुख	विमुख
उन्मूलन	रोपण
उन्हाला	सियाला
उपकार	अपकार
उपकारक	अनुपकारक
उपकृत	अपकृत
उपकृति	अपकृति
उपगत	उनुपगत
उपचित	अपचित
उपजाऊ	अनुपजाऊ,
	बंजर
उपदेश	अनुपदेश
उपद्रव	शांति
उपधि	निरुपधि
उपपातक	महापातक
उपभोग	अनुपभोग
उपमित	अनुपमित
उपमेय	अनुपमेय
उपयुक्तता	अनुपयुक्तता
उपयोग	अनुपयोग
उपयोगी	अनुपयोगी
उपरांत	पहले

उपरि	अध:
उपरिलिखित	निम्नलिखित,
	अधोलिखित
उपलब्ध	अनुपलब्ध
उपलब्धि	अनुपलब्धि
उपसंहार	आरंभ
उपस्थित	अनुपस्थित
उपादेय	अनुपदेय
उपार्जित	अनुपार्जित
उपासक	नास्तिक
उपासना	नास्तिकता
उपेक्षा	अपेक्षा
उभयनिष्ठ	एकनिष्ठ
उबारना	डुबाना
उमा	शंकर
उम्मीद	नाउम्मीदी
उरग	उरगी
उरला	परला
उर्वर	अनुर्वर, बंध्य
उलझन	सुलझन
उलझाना	सुलझाना
उलटना	पलटना
उलटा	पलटा, सीधा
उल्लंघन	अनुल्लंघन
उल्लास	विषाद
उल्लेख	अनुल्लेख
उषा	संध्या
उष्ण	शीत
उसूल	बेउसूल
उस्ताद	शागिर्द

□

ऊ

देवनागरी वर्णमाला का छठा स्वर। यह ओष्ठ्य, दीर्घ (जिसका ह्रस्व रूप 'उ' है), पश्च, वृत्तमुखी, संवृत तथा मूल स्वर है और घोष ध्वनि है।

ऊघड़	सुघड़	ऊर्ध्वबाहु	अधोबाहु
ऊढ़ा	अनूढ़ा	ऊर्ध्वमुख	अधोमुख
ऊपर	नीचे	ऊष्म	शीतल
ऊर्ध्व	अधः, निम्न	ऊँच	नीच
ऊर्ध्वगति	अधोगति	ऊँचा	नीचा
ऊर्ध्वगामी	अधोगामी	ऊँचा-नीचा	समतल
ऊर्ध्वचरण	अधोचरण	ऊँट	ऊँटनी
ऊर्ध्वदृष्टि	अधोदृष्टि		

□

ऋ

देवनागरी वर्णमाला का सातवाँ स्वर। यह मूर्धन्य, ह्रस्व, अग्र, आवृत्तमुखी, अर्धविवृत स्वर है तथा घोष ध्वनि है।

ऋजु	वक्र
ऋणग्रस्त	ऋणमुक्त
ऋणात्मक	धनात्मक
ऋणायन	धनायन
ऋणी	उऋण
ऋत	अनृत
ऋतु	कुऋतु
ऋत्विज	ऋत्विजा
ऋद्ध	विपन्न

ए

देवनागरी वर्णमाला का आठवाँ स्वर। यह दीर्घ, अग्र, अवृत्तमुखी, अर्धसंवृत, और संयुक्त स्वर है तथा घोष ध्वनि है। इसके उच्चारण में कंठ और तालु का प्रयोग होने से यह 'कंठतालव्य' वर्ण है।

एक	अनेक
एकचित्त	उद्विग्न
एकतंत्र	बहुतंत्र
एकतरफा	दोतरफा
एकता	अनेकता
एकत्र	विकीर्ण
एकतंत्र	बहुतंत्र
एकत्व	अनेकत्व
एकनिष्ठ	बहुनिष्ठ
एकपक्षीय	बहुपक्षीय
एकमत्य	मतभिन्नता
एकमुख	बहुमुख, अनेकमुख
एकरूपता	बहुरूपता, अनेकरूप
एकरूपिणी	अनेकरूपिणी, बहुरूपिणी
एकवचन	बहुवचन
एकांगी	सर्वांगीण, सर्वांगी
एकांत	भीड़
एकाग्रचित्त	अन्यमनस्क, दुचित्ता
एकार्थक	अनेकार्थक
एकेश्वरवाद	बहुदेववाद
एड़ी	चोटी
एतबार	फरेब
एषणा	अनैषणा
एहतियात	लापरवाही
एहसान	एहसानफरामोशी
एहसानमंद	एहसानफरामोश

□

ऐ

देवनागरी वर्णमाला का नौवाँ स्वर। यह दीर्घ, अग्र, आवृत्तमुखी तथा अर्धसंवृत स्वर है और घोष ध्वनि है। इसका उच्चारण-स्थान कंठ और तालु होने से 'कंठ्य-तालव्य' है।

ऐकमत्य	मतभिन्नता
ऐक्य	अनैक्य
ऐच्छिक	अनैच्छिक
ऐच्छिक क्रिया	प्रतिवर्ती क्रिया
ऐतिहासिक	अनैतिहासिक
ऐब	खूबी
ऐयाशी	साधुता, सादगी
ऐश्वर्य	दैन्य
ऐश्वर्यवान	निर्धन
ऐसा	वैसा
ऐहलौकिक/ऐहिक	पारलौकिक
	ओद अनैक्य

□

ओ

देवनागरी वर्णमाला का दसवाँ स्वर। यह दीर्घ, पश्च तथा अर्धसंवृत स्वर है और घोष ध्वनि है। इसके उच्चारण में कंठ और ओष्ठ का प्रयोग होने से यह कंठोष्ठ्य या 'कंठौष्ठ्य' वर्ण है।

ओछा	गंभीर	ओझल	प्रकट
ओछापन	बड़प्पन	ओट	प्रकट
ओजस्वी	ओजहीन		

□

औ

देवनागरी वर्णमाला का ग्यारहवाँ स्वर। यह दीर्घ, पश्च, वृत्तमुखी तथा अर्धसंवृत स्वर है और घोष ध्वनि है। कंठ और ओष्ठ से उच्चरित होने के कारण यह 'कंठोष्ठ्य' या 'कंठौष्ठ्य' वर्ण है।

औचक	अकसर	औरत	आदमी
औचित्य	अनौचित्य	औरस	जारज
औपचारिक	अनौपचारिक	औंधा	सीधा
औपचारिकता	अनौपचारिकता	औंधाना	सीधा करना

□

क

हिंदी वर्णमाला का पहला व्यंजन तथा क-वर्ग का पहला वर्ण। यह कंठ्य (कोमल तालव्य), स्पर्श, अल्पप्राण और अघोष है। 'क' का महाप्राण रूप 'ख' है। अरबी से आया 'क़', जो हिंदी में प्रायः 'क' भी बोला और लिखा जाता है (क़लम/कलम), जिह्वामूलीय, स्पर्श, अल्पप्राण और अघोष है।

कगार	मँझधार	कड़ा	नरम
कंगाल	मालामाल	कड़ाई	ढिलाई
कच्चा	पक्का	कथनी	करनी
कच्चा मकान	पक्का मकान	कथनीय	अकथनीय
कछुआ	कछुवी	कथित	अकथित
कजाक	नेकनीयत	कथ्य	अकथ्य
कंजूस	शाहखर्च,	कदाचार	सदाचार
	मुक्तहस्त, उदार	कद्र	बेकद्री, बेकद्र
कटाई	सिलाई	कनिष्ठ	ज्येष्ठ, वरिष्ठ
कटु	मधुर	कंदर्प	मदनप्रिया
कटुभाषी	मधुरभाषी	कपटी	निष्कपट
कठिन	सरल	कपूत	सपूत
कठोर	कोमल, मृदु	कपूती	सपूती
कंटक	पुष्प	कभी-कभी	सदा, हमेशा
कंटकाकीर्ण	अकंटकाकीर्ण	कम	ज्यादा
कंटकित	अकंटकित	कमजोर	मजबूत,
कड़वा	मीठा		ताकतवर

कमजोरी	ताकत, मजबूती
कमला	कमलापति
कमाई	खर्च
कमान	तीर
कमाना	गँवाना, उड़ाना
कमी	बेसी
कंपित	अकंपित
करणीय	अकरणीय
करनी	कथनी
कराल	भव्य
करीब	दूर
करुण	निष्ठुर
करुणामय	निष्करुण
करोड़पति	कंगाल
कर्कश	मधुर
कर्तव्य	अकर्तव्य
कर्ता	अकर्ता
कर्म	अकर्म
कर्मचारी	मालिक
कर्मठ	निठल्ला
कर्मण्य	अकर्मण्य
कर्मण्यता	अकर्मण्यता
कल	आज
कलंकित	निष्कलंक
कलंकी	निष्कलंकी
कलमी	बीजू
कलियुग	सतयुग
कली	फूल
कल्पना	सत्य
कल्पनातीत	कल्पनीय
कल्पनीय	अकल्पनीय, कल्पनातीत
कल्पित	अकल्पित, यथार्थ, अयथार्थ
कल्याण	अकल्याण
कवयित्री	कवि
कष्ट	सुख
कसना	खोलना
कसा	ढीला
कसूरवार	बेकसूर
कहकहा	खामोशी
कहना	सुनना
कहा	अनकहा
कहीं-कहीं	सब जगह, सर्वत्र
काज	अकाज
काटना	सिलना/जोड़ना
काट्य	अकाट्य
कानूनी	गैरकानूनी
कांता	कांत
कापुरुष	वीर
काफी	कम
काबिल	नाकाबिल
काबू	बेकाबू
कामदेव	रति
कामयाब	नाकामयाब
कामी	अकाम, निष्काम
कायर	वीर
कारण	कार्य
कार्य	कारण
काल	अकाल
काला	गोरा

काव्य	गद्य	कुप्रथा	सुप्रथा
काँटा	फूल	कुफल	सुफल
किनारा	मँझधार	कुमति	सुमति
किस्मतवर	बदकिस्मत	कुमारी	विवाहिता
कीमती	सस्ती	कुमार्ग	सुमार्ग
कीर्ति	अपकीर्ति	कुंभकार	कुम्हारिन
कीर्तिकर	अकीर्तिकर	कुरंग	कुरंगिन
कुकर्म	सुकर्म	कुराज	सुराज
कुकवि	सुकवि	कुरूप	सुरूप
कुख्यात	विख्यात	कुलक्षिणी	सुलक्षिणी
कुगति	सुगति	कुलटा	पतिव्रता
कुघड़	सुघड़	कुलदीप	कुलांगार
कुघड़ी	सुघड़ी	कुलीन	अकुलीन
कुचाल	सुचाल	कुव्यवस्था	सुव्यवस्था
कुचालक	सुचालक	कुशल	अकुशल
कुचैला	स्वच्छ	कुशलता	अकुशलता
कुंजर	कीरी	कुशाग्र	कुंद
कुंजी	ताला	कुशासन	सुशासन
कुटिया	महल	कुसुम	कंटक
कुटिल	सरल	कुसूर	बेकुसूर
कुंठित	तीक्ष्ण	कृत	अकृत
कुतार	सुतार	कृतकार्य	अकृतकार्य, विफल-मनोरथ
कुत्सित	उत्कृष्ट		
कुदरती	अप्राकृतिक	कृतघ्न	कृतज्ञ
कुदिन	सुदिन	कृतज्ञता	अकृतज्ञता
कुंदन	कोयला	कृत्रिम	अकृत्रिम
कुपरिणाम	सुपरिणाम	कृपण	दाता
कुपात्र	सुपात्र	कृपा	अकृपा, अवकृपा
कुपित	प्रसन्न		
कुपुत्र	सुपुत्र	कृश	हट्टा-कट्टा
कुप्रबंध	सुप्रबंध	कृषिप्रधान	उद्योगप्रधान

कृष्ट	अकृष्ट	क्लिष्टता	सरलता
कृष्ण	शुक्ल	क्लीव	पौरुषवान
केंद्रापसारी	केंद्राभिमुखी	क्लेश	सुख
केंद्रीकरण	विकेंद्रीकरण	क्वाँरा	विवाहित
केसरी	गीदड़	क्षणिक	शाश्वत
कैद	रिहाई	क्षत	अक्षत
कोठी	कोठरी	क्षतयोनि	अक्षतयोनि
कोप	कृपा	क्षता	अक्षता
कोमल	कठोर	क्षम	अक्षम
कोयल	कौआ	क्षम्य	अक्षम्य
कोलाहल	शांति	क्षय	अक्षय, वृद्धि
कोविद	मंदबुद्धि	क्षर	अक्षर
कौल	वादाखिलाफी	क्षिति	आकाश
क्रम	क्रमहीनता	क्षिप्र	मंद
क्रमिक	अक्रमिक	क्षीण	पुष्ट
क्रय	विक्रय	क्षीयमान	वर्धमान
क्रांत	आक्रामक	क्षीर	नीर
क्रियाशील	निष्क्रिय	क्षुण्ण	अक्षुण्ण
क्रुद्ध	शांत	क्षुद्र	विशाल, महान्
क्रूर	अक्रूर	क्षुधा	तृप्ति
क्रेता	विक्रेता	क्षुब्ध	अक्षुब्ध, शांत
क्रेय	विक्रेय	क्षोभ	अक्षोभ
क्रोध	शांति, क्षमा		

□

ख

देवनागरी वर्णमाला में क-वर्ग का दूसरा व्यंजन। 'ख्' कंठ्य, अघोष, महाप्राण और स्पर्श है। इसका अल्पप्राण रूप 'क्' है।

खगोल	भूगोल
खटास	मिठास
खट्टा	मीठा
खट्टू	निखट्टू
खंडनीय	मंडनीय
खंड-खंड	अखंडित
खंडन	मंडन
खंडित	अखंडित,
	अखंड
खतम	शुरू
खबर	बेखबर
खबरदार	बेखबर
खब्ती	समझदार
खयानत	ईमानदारी
खर	खरी
खरा	खोटा
खराब	अच्छा
खरीद	बेच, बिक्री
खरीदना	बेचना
खर्च	आमदनी/बचत
खर्चीला	किफायती
खल	नेक, सज्जन
खार	फूल
खालिस	मिलावटी
खाद्य	अखाद्य
खाली	भरा
खाविंद	बीवी
खास	आम
खिझाना	रिझाना
खिड़की	दरवाजा
खिन्न	प्रसन्न
खिलना	मुरझाना
खिला	मुरझाया
खिलाफ	मुआफिक
खिंचना	खींचना
खीझना	रीझना
खुदरा	थोक
खुदा	बंदा

खुफिया	खुल्लमखुल्ला	खुशी–खुशी	बेमन से
खुरखुरा/खुरदरा	चिकना	खुश्की	तरी
खुर्द	कलाँ	खूबसूरत	बदसूरत
खुर्राट	सीधा–सादा	खूबसूरती	बदसूरती
खुलना	बँधना	खेद	प्रसन्नता, हर्ष
खुला	बंद	खोखला	ठोस
खुश	नाखुश/नाराज	खोलना	बाँधना
खुशकिस्मत	बदकिस्मत	खोट	खूबी
खुशगवार	नाखुशगवार	खोटा	खरा
खुशनसीब	बदनसीब	खोना	पाना
खुशबू	बदबू	ख्याति	कुख्याति
खुशमिजाज	बदमिजाज	ख्वाब	हकीकत
खुशी	अफसोस		

□

ग

देवनागरी वर्णमाला में क–वर्ग का तीसरा व्यंजन। यह कंठ्य, घोष, अल्पप्राण और स्पर्श है। इसका महाप्राण रूप 'घ्' है।

गगन	धरा, पृथ्वी	गमन	आगमन
गगनचुंबी	तलस्पर्शी	गंभीर	अगंभीर, छिछला
गज	गजी	गरम	ठंडा
गड़ना	उखड़ना	गरमाना	ठंडाना
गणतंत्र	राजतंत्र	गरमी	सर्दी
गणनीय	अगणनीय, अगण्य	गरल	सुधा
गण्य	अगण्य, नगण्य	गरिमा	लघिमा
गण्यमान	अगण्यमान	गरीब	अमीर
गत	आगत	गरीबी	अमीरी
गति	स्थिति	गरूर	नम्रता
गतिशील	गतिहीन	गर्भवती	बाँझ
गद्य	पद्य	गरम	ठंडा
गद्यात्मक	पद्यात्मक	गलत	सही
गधा	गधी	गलतफहमी	खुशफहमी
गंदगी	सफाई	गलना	जमना
गंदा	साफ	गहरी	उथली, छिछली
गप	हकीकत	गँवाऊ	कमाऊ

गँवार	नागरी
गँवारू	शहरी
गाढ़ा	हल्का, पतला
गाना	बजाना
गाफिल	खबरदार
गाय	बैल
गाँव	शहर
गिरना	उठना, चढ़ना
गिरफ्तार	रिहा
गिराना	उठाना
गिरिजा	शंकर
गीत	संगीत
गीला	सूखा
गुजारिश	हुक्म
गुण	अवगुण
गुणी	निर्गुणी
गुंडा	शरीफ
गुनहगार	बेगुनाह
गुप्त	प्रकट
गुमसुम	बातूनी, बड़बड़िया
गुमान	बदगुमान
गुरु	हलका, लघु
गुरु	शिष्य
गुलशन	वीरान
गुलाम	आजाद
गुलामी	आजादी
गुसलखाना	पाखाना
गुस्ताखी	शराफत
गुस्सा	प्यार

गूढ़	अगूढ़
गृहस्थ	सन्न्यासी
गृहिणी	गृहस्वामी
गेय	अगेय
गेंद	बल्ला
गैर	अपना, निजी
गैरइनसाफी	इनसाफ
गैरकानूनी	कानूनी
गैरतदार	बेगैरत
गैरतमंद	बेगैरत
गैरमायूस	मायूस
गैरमुमकिन	मुमकिन
गैरवाजिब	वाजिब
गैरसरकारी	सरकारी
गैरहाजिर	हाजिर
गैरहाजिरी	हाजिरी
गोचर	अगोचर
गोधूलि	सबेरा
गोपन	प्रकाशन
गोपी	गोप
गोरक्षक	गोभक्षक, गोहिंसक
गोरा	काला
गोलोकवासी	भूलोकवासी
गौण	प्रधान, मुख्य
गौतमी	गौतम
गौरव	लाघव
गौरी	शंकर
ग्रस्त	मुक्त
ग्रहण	त्याग

ग्राम	नगर	ग्राह्य	त्याज्य
ग्रामीण	नागर, शहरी	ग्लानि	प्रसन्नता
ग्राम्य	नागर, वन्य	ग्वाला	ग्वालिन
ग्राहक	विक्रेता		

□

घ

देवनागरी वर्णमाला में क-वर्ग का चौथा व्यंजन। 'घ्' व्यंजन स्पर्श, कंठ्य, घोष, महाप्राण है। इसका अल्पप्राण रूप 'ग्' है।

घटत	बढ़त
घटना	बढ़ना
घटा	जमा
घटाना	बढ़ाना, जोड़ना
घटाव	बढ़ाव
घटित	अघटित
घटिया	बढ़िया
घना	छितरा
घमंडी	विनयी
घर	बाहर
घराती	बराती
घरेलू	बाहरी, जंगली, बनैला
घाघ	सीधा-सादा
घाटा	मुनाफा
घात	प्रतिघात
घातक	रक्षक
घुड़सवार	पैदल
घुसना	निकलना
घृणा	प्रेम
घोषित	अघोषित
घोषीकरण	अघोषीकरण
घोंघाबसंत	होशियार

□

च

देवनागरी वर्णमाला में च-वर्ग का प्रथम व्यंजन। यह तालव्य, स्पर्श-संघर्षी, अघोष तथा अल्पप्राण वर्ण है।

चंचल	अचंचल, स्थिर
चंचला	हरि
चंट	बुद्धू
चंडावल	हरावल
चढ़ना	उतरना
चढ़ाई	उतराई, उतार
चढ़ाना	उतारना
चढ़ाव	उतार
चतुर	अनाड़ी, मूर्ख
चंद	बहुत
चंदावल	हरावल
चपल	अचपल
चर	अचर
चरित्रवान	चरित्रहीन
चरित्रहीन	चरित्रवान
चर्मचक्षु/चर्मदृष्टि	ज्ञानचक्षु/ज्ञानदृष्टि
चल	अचल
चलना	रुकना/ठहरना
चल-संपत्ति	अचल-संपत्ति
चाचा	चाची
चाची	चाचा
चातुरी	मूर्खता
चाबी	ताला
चारु	अचारु
चालबाज	सीधापन
चालाक	बुद्धू
चाह	अनचाह
चाहा	अनचाहा
चाँदनी	धूप
चाँदी	सोना
चिकित्स्य	अचिकित्स्य
चित	पट
चिंतनीय	अचिंतनीय
चिंताग्रस्त	चिंतामुक्त
चिंतित	निश्चिंत
चिंत्य	अचिंत्य
चिर	अचिर

चिरजीवी	अचिरजीवी	चेतन	जड़
चिरंजीव	अल्पजीव	चेतना	मूर्च्छा
चिरंतन	नश्वर	चेरी	रानी
चिरस्थायी	अल्पस्थायी	चेला	गुरु
चिल्लपों	खामोशी	चेष्टा	कुचेष्टा
चीनी	नमक	चैतन्य	अचैतन्य
चुकता	बकाया	चैन	बेचैनी
चुड़ैल	भूत	चोखा	फोक
चुप्पी	होहल्ला	चोर	साह
चुस्त	ढीला, लचर	चोरी-छिपे	डंके की चोट
चुस्ती	सुस्ती	चौड़ा	लंबा
चूक	अचूक	चौड़ाई	लंबाई
चूहा	शेर	चौथापन	बचपन

□

छ

देवनागरी वर्णमाला में च-वर्ग का दूसरा व्यंजन। यह तालव्य, स्पर्श, अघोष और महाप्राण वर्ण है।

छद्म	निश्छलता	छिनाल	पतिव्रता, सती
छबीला	छबीली	छिपना	दिखना
छबीली	छबीला	छिपाना	दिखाना
छरहरा	मोटा-ताजा	छिपाव	खुलापन
छल	निश्छलता	छीजन	बढ़ोतरी
छली	निश्चल	छीड़	भीड़
छँटवाना	मिलवाना	छीनना	देना
छाछ	दूध	छुटकारा	बंधन
छाया	धूप	छुटपन	बड़प्पन
छाँटना	मिलाना	छूट	पकड़, बंधन
छाँव	धूप	छूत	अछूत
छाँह	धूप	छेद्य	अछेद्य
छिछला	गहरा	छोटा	बड़ा
छिड़ना	बंद होना	छोटाई	बड़ाई
छिद्रहीन/छिद्ररहित	छिद्रमय/ छिद्रयुक्त	छोटापन	बड़ापन
		छोटी	बड़ी
छिनवाना	दिलवाना		

□

ज

देवनागरी वर्णमाला में च–वर्ग का तीसरा वर्ण। यह तालव्य, घोष, अल्पप्राण और स्पर्श–संघर्षी है। फारसी आदि और अंग्रेजी से आए शब्दों की 'ज़' ध्वनि, जो वर्त्स्य और संघर्षी तथा 'स' का घोष रूप है, हिंदी–भाषियों द्वारा कहीं 'ज' और कहीं 'ज़' बोली जाती है। सामान्य बोलचाल में तथा हिंदी की बोलियों में 'ज़' प्रायः 'ज' हो जाता है, परंतु 'ज' और 'ज़' दोनों ही लेखन और बातचीत में सहज रूप में अपनाए जाते हैं।

जंगम	स्थावर
जंगली	घरेलू, पालतू
जटिल	सरल
जड़	चेतन
जड़ता	चेतनता, चैतन्य
जटिल	सरल
जनक	जननी
जनसाधारण	विशिष्ट व्यक्ति
जनाकीर्ण	विजन
जनाना	मर्दाना
जन्नत	जहन्नुम
जन्म	मृत्यु
जन्मदिन	मरण–दिन
जन्मांध	दृष्टिवान
जबानी	लिखित
जमना	उखड़ना, पिघलना
जमा	खर्च
जमाना	पिघलाना
जंबुक	शेर
जय	पराजय
जरूरी	गैरजरूरी
जल	थल
जलना	बुझना
जल–योजन	निर्जलीकरण
जलाना	बुझाना
जलालत	शराफत
जल्द	देर
जल्दी	धीरे
जवान	बूढ़ा

जवानी	बुढ़ापा
जवाब	सवाल
जहन्नुम	जन्नत
जहर	अमृत
जहालत	जहीनता
जहीन	जाहिल
जहाँ	वहाँ
जा	बेजा
जागना	सोना
जागरण	निद्रा
जागरूक	बेखबर
जागृति	सुषुप्ति
जाग्रत्	सुप्त
जाचक	दानी
जाड़ा	गरमी
जाति	विजाति
जातीय	विजातीय
जानकार	अनजान
जानदार	बेजान
जानवर	आदमी
जाना	आना
जाना-पहचाना	अजनबी
जायका	बेजायका
जायज	नाजायज
जारज	औरस
जालिम	रहमदिल
जाँबाज	डरपोक
जितेंद्रिय	अजितेंद्रिय
जिंदगी	मौत
जिंदा	मुर्दा
जिंदादिल	मुर्दादिल
जिंदाबाद	मुर्दाबाद
जिम्मा	गैरजिम्मेदारी
जिम्मेदारी	गैरजिम्मेदारी
जिल्लत	इज्जत
जिस्म	रूह
जिस्मानी	रूहानी
जीजा	साली
जीत	हार
जीतना	हारना
जीता	हारा
जीना	मरना
जीर्ण	अजीर्ण
जीव	देह
जीवन	मरण, मृत्युज
	मरना
जीर्ण	अजीर्ण
जीव	देह
जीवन	मरण, मृत्यु
जीवात्मा	परमात्मा
जीवित	मृत
जुड़ना	टूटना, घटना
जुड़वाँ	अकेला
जुड़ा	बिछुड़ा,
	अलहदा
जुदा	शामिल
जुदाई	मिलन, मिलाप
जुर्माना	इनाम
जुल्म	रहम
जुल्मी	रहमदिल
जेता	जित
जेय	अजेय

जैसा	तैसा	ज्ञानी	अज्ञानी
जोड़	तोड़	ज्ञेय	अज्ञेय
जोड़ना	तोड़ना	ज्यादा	कम
जोरदार	हलका	ज्येष्ठ	कनिष्ठ
ज्ञात	अज्ञात	ज्योति	तम
ज्ञान	अज्ञान, भ्रम	ज्योतिर्मय	तमोमय
ज्ञानचक्षु	चर्मचक्षु	ज्वार	भाटा

□

झ

देवनागरी वर्णमाला में च-वर्ग का चौथा अक्षर। यह तालव्य, स्पर्श, घोष तथा महाप्राण व्यंजन है।

झकाझक	मैला-कुचैला
झगड़ा	मेल
झगड़ालू	शांतिप्रिय
झंडा	झंडी
झिझक	बेझिझक
झिड़कना	पुचकारना
झिड़की	दुलार
झिगड़	गफ
झीना	घना
झुग्गी	महल
झूठ	सच
झूठा/झूठी	सच्चा/सच्ची
झोंपड़ी	महल

ट

देवनागरी वर्णमाला में ट–वर्ग का प्रथम वर्ण। यह मूर्धन्य, स्पर्श, अघोष तथा अल्पप्राण व्यंजन है।

टलना	रहना
टहलना	बैठना
टाट	रेशम
टिकाऊ	कामचलाऊ
टुकड़ा	साबुत
टुटपुँजिया	पूँजीपति
टूटना	जुड़ना
टूटा	साबुत
टेढ़ा	सीधा
टेढ़ी	सीधी
टोकरा	टोकरी
टोटा	फायदा
टोला	महानगर

□

ठ

देवनागरी वर्णमाला में ट-वर्ग का दूसरा व्यंजन। यह मूर्धन्य, स्पर्श, अघोष तथा महाप्राण ध्वनि है।

ठंड	गरमी
ठंडा	गरम/गर्म
ठनठनगोपाल	मालामाल
ठप	चालू
ठलुआ	कर्मठ
ठस	तेज
ठसाठस	खाली
ठहरना	चलना
ठिगना	लंबू
ठीक	गलत
ठोस	पोला, खोखला, तरल

□

ढ

देवनागरी वर्णमाला में ट-वर्ग का चौथा व्यंजन। यह मूर्धन्य, स्पर्श, घोष और महाप्राण ध्वनि है।

ढकना	उघाड़ना	ढिठाई	विनय
ढलान	चढ़ाई	ढिलाई	कड़ाई
ढंग	बेढंग	ढीठ	विनीत
ढब	बेढब	ढील	कसाव
ढलवाँ	समतल	ढीला	कसा
ढहना	बनना	ढूह	समतल
ढकेलना	खींचना	ढेर	कम
ढाल	निढाल	ढोंग	सदाचार
ढिग	दूर	ढोल	ढोलकी

त

देवनागरी वर्णमाला में त–वर्ग का पहला व्यंजन। यह दंत्य, स्पर्श, अघोष और अल्पप्राण है। इसका महाप्राण रूप 'थ' है।

तअगुक	बेतअगुक	तमोगुण	सतोगुण
तकलीफ	आराम	तर	शुष्क
तगड़ा	कमजोर	तरकश	तीर
तंग	ढीला	तरतीब	बेतरतीब
तजर्बेकार	गैरतजर्बेकार	तरल	ठोस
तट	मँझधार	तरस	बेरहमी
तटस्थ	पक्षपाती	तरावट	उष्णता
तद्वत	अतद्वत	तरुण	वृद्ध
तनय	तनया	तरुणी	वृद्धा
तनिक	अधिक	तनदुरुस्त	कमजोर
तप	भोग	तर्क	वितर्क
तपन	ठंडक	तर्कपूर्ण	कुतर्कपूर्ण
तपस्वी	भोगी	तर्कसंगत	अतर्कसंगत
तप्त	शीतल	ताऊ	ताई
तब	अब	ताकत	कमजोरी
तम	प्रकाश	ताकतवर	कमजोर
तमा	दिन	ताजा	बासी
तमारि	चंद्रमा	ताड़न	दुलार
तमीज	बदतमीजी	तात्कालिक	दूरगामी, स्थायी

तान	बेतान	तुल्य	अतुल्य
ताप	शीत	तुल्यता	भिन्नता
तामसिक	सात्त्विक	तुष्ट	असंतुष्ट
तारण	बंधन	तुष्टि	असंतुष्टि
तारा	चंद्रमा	तृप्त	अतृप्त
ताराधिप	तारा	तृप्ति	अतृप्ति
तारीफ	बुराई	तेज	हलका, मंद
तालीमयाफ्ता	जाहिल	तृष्णा	तृप्ति
ताँबा	सोना	तेजड़िया	मंदड़िया
तिक्त	मधुर	तेजस्वी	निस्तेज
तिमिर	प्रकाश	तेजी	मंदी
तिरछा	सीधा	तेरा	मेरा
तिरस्कार	सत्कार, पुरस्कार	तैसा	जैसा
		तोड़ना	जोड़ना
तिरस्कृत	पुरस्कृत	तौहीन	कद्र
तिर्यक	सीधा	त्यक्त	ग्रहणीय
तिलमिलाहट	राहत	त्याग	ग्रहण, संग्रह
तिलांजलि	अंगीकरण	त्यागी	भोगी, संग्रही
तीक्ष्ण	मंद	त्याज्य	अत्याज्य, भोज्य
तीर	कमान	त्रुटि	अत्रुटि
तीव्र	मंद	त्रुटिपूर्ण	त्रुटिहीन
तुकांत	अतुकांत	त्वचा	मांस
तुच्छ	महान्	त्वदीय	स्वकीय
तुच्छता	विशिष्टता	त्वरा	विलंब
तुमुल	शांति	त्वरित	मंद
तुरंग	तुरंगी		

□

थ

देवनागरी वर्णमाला में त-वर्ग का दूसरा व्यंजन। यह दंत्य, अघोष, महाप्राण और स्पर्श है। इसका अल्पप्राण 'त' है।

थकान	आराम	थिर	अस्थिर
थका-माँदा	चुस्त-दुरुस्त	थैली	थैला
थल	जल	थूकना	चाटना
थलचर	नभचर	थोक	खुदरा, फुटकर
थामना	गिराना	थोड़ा	बहुत
थाह	अथाह	थोथा	सार

□

द

देवनागरी वर्णमाला में त-वर्ग का तीसरा व्यंजन। यह दंत्य, स्पर्श, घोष और अल्पप्राण ध्वनि है। इसकी महाप्राण ध्वनि 'ध' है।

दक्ष	अदक्ष	दरियादिली	तंगदिली
दक्षिण नायक	शठनायक	दरीचा	दरवाजा
दक्षिणपंथी	वामपंथी	दर्दमंद	बेदर्दी
दक्षिणायन	उत्तरायण	दर्शनीय	अदर्शनीय
दक्षिणावर्त	वामावर्त	दलित	अदलित
दक्षिणी	उत्तरी	दवा	दारू
दगा	वफा	दस्यु	सज्जन
दगाबाज	वफादार	दहशत	अमन
दंडनीय	अदंडनीय	दाखिल	खारिज
दंड्य	अदंड्य	दागी	बेदाग
दनुज	देव	दान	आदान
दब्बू	दबंग	दानव	देव
दमनीय	अदमनीय	दानी	कंजूस
दया	निर्दयता	दायें	बायें
दयालु	निर्दय, क्रूर	दायाँ	बायाँ
दयालुता	निर्दयता, क्रूरता	दारा	पति
दरबारेआम	दरबारेखास	दारिद्र्य	संपन्नता
दरिद्र	धनाढ्य, धनी	दास	मालिक
दरिया	समुद्र	दासता	स्वाधीनता

दाहिना	बायाँ
दाह्य	अदाह्य
दिक्कत	सहूलियत
दिखाना	छिपाना
दिन	रात
दिनांकित	अदिनांकित
दिनातीत	दिनाप्त
दिमाग	बददिमाग
दिलकश	अनाकर्षक
दिलावर	बुजदिल
दिलेर	कायर
दिवंगत	जीवित
दिवा	रात्रि
दिव्य	लौकिक
दीन	अदीन, समृद्ध
दीप्त	धुँधला
दीप्तिमान	अंधकारमय
दीर्घ	लघु
दीर्घकाय	लघुकाय
दीर्घजीवी	अल्पजीवी
दीर्घ स्वर	ह्रस्व स्वर
दीर्घायु	अल्पायु
दुआ	बददुआ
दुःख	सुख
दुःखकर	सुखकर
दुःखद	सुखद
दुःखांत	सुखांत
दुःखी	सुखी
दुत्कार	दुलार
दुबला	मोटा
दुराचरण/दुराचार	सदाचरण/
	सदाचर
दुराचारी	सदाचारी
दुराव	प्राकट्य
दुरुपयोग	सदुपयोग
दुरुस्त	गलत
दुर्गति	सुगति, सद्गति
दुर्गंध	सुगंध
दुर्गम	सुगम
दुर्गमता	सुगमता
दुर्गुण	सद्गुण
दुर्जन	सज्जन
दुर्दशा	सुदशा
दुर्दिन	सुदिन
दुर्बल	सबल
दुर्बलता	सबलता
दुर्बोध	सुबोध
दुर्भाग्य	सौभाग्य
दुर्भाव	सद्भाव
दुर्लभ	सुलभ
दुर्लभ मुद्रा	सुलभ मुद्रा
दुर्विनीत	सुविनीत
दुर्व्यवस्था	सुव्यवस्था
दुर्व्यवहार	सद्व्यवहार
दुर्हृद्	सुहृद्
दुलार	दुत्कार
दुश्चरित्र	सच्चरित्र
दुश्मन	दोस्त
दुष्कर	सुकर
दुष्कर्म	सत्कर्म
दुष्कीर्ति	सुकीर्ति
दुष्ट	सज्जन

दुष्पच	सुपच
दुष्परिणाम	सुपरिणाम
दुष्प्रकृति	सुप्रकृति
दूर	निकट
दूरदर्शी	अदूरदर्शी
दूरस्थ	निकटस्थ
दूषित	अदूषित, स्वच्छ
दृढ़	अदृढ़
दृढ़प्रतिज्ञ	अस्थिरमना
दृश्य	अदृश्य
दृष्ट	अदृष्ट
दृष्टार्थ	अदृष्टार्थ
देखा	अनदेखा
देनदार	लेनदार
देना	लेना
देय	अदेय
देयता	पावना
देव	दानव, असुर
देवपति	असुरपति
देवलोक	नरकलोक
देश	विदेश
देशभक्त	देशद्रोही
देशद्रोही	देशभक्त
देशी	विदेशी
देह	अदेह
देहात	शहर
देही	अदेह, विदेह
दैत्य	देव
दैवी	आसुरी
दोजख	जन्नत
दोष	गुण
दोषपूर्ण	दोषरहित
दोषी	निर्दोष
दोस्त	दुश्मन
दोहरा	इकहरा
दौलतमंद	गरीब
द्युतिमान	द्युतिहीन
द्रव	ठोस
द्रुत	मंथर
द्वेष	सद्भावना
द्वैत	अद्वैत
द्वैतवादी	अद्वैतवादी

ध

देवनागरी वर्णमाला के त-वर्ग का चौथा व्यंजन। यह दंत्य, स्पर्श, घोष तथा महाप्राण ध्वनि है।

धन	गण
धनपति	खाकपति
धनहीन	धनवान
धनी	निर्धन, दरिद्र
धन-पक्ष	नाम-पक्ष
धनपति	धनहीन
धनवान	धनहीन
धनात्मक	गणात्मक
धनायन	गणायन
धनी	निर्धन
धन्य	धिक्कार्य
धन्य	धिक्कृत
धरती	आकाश
धरना	उठाना
धरातल	रसातल
धर्म	अधर्म
धर्मक्षेत्र	योगभूमि
धर्मनिष्ठ	अधर्मी
धर्मात्मा	दुष्टात्मा
धर्मी	अधर्मी
धर्म्य	अधर्म्य
धवल	धुँधला
धाकड़	दब्बू
धार्मिक	अधार्मिक
धींगड़ा	कमजोर
धीमा	तेज
धीर	अधीर
धीरज	उतावली
धीरता	अधीरता
धीरा	अधीरा
धीरे	जल्दी
धूप	छाँह, छाया
धूमिल	उज्ज्वल
धूर्त	भद्र
धृष्ट	विनीत, विनम्र
धैर्य	अधैर्य
धैर्ययुक्त	अधीर
धैर्यवान	अधीर
धोखा	भरोसा
धोखेबाज	भरोसेमंद
ध्रुव	अस्थिर
ध्वंस	निर्माण

□

न

'न' देवनागरी वर्णमाला के त-वर्ग का पाँचवाँ व्यंजन है। यह दंत्य (वर्त्स्य), नासिक्य, स्पर्श, घोष और अल्पप्राण और घोष है।

नकद	उधार	नराधम	नरपुंगव
नकली	असली	नर्म	सख्त, कड़ा,
नकार	सकार		कठोर
नकारना	सकारना	नवीन	प्राचीन
नकारात्मक	सकारात्मक	नश्वर	अनश्वर/शाश्वत
नगर	ग्राम	नसीबदार	बदनसीब
नजदीक	दूर	नहिक	सहिक
नजरबंद	रिहा	नाइनसाफी	इनसाफ
नतोदर	उन्नतोदर	नाकाबिल	काबिल
ननद	भाभी	नाकाबिलीयत	काबिलीयत
नफरत	मुहब्बत	नाकाम	कामयाब
नफा	नुकसान	नाकामयाबी	कामयाबी
नमकहराम	नमकहलाल	नाखुश	खुश
नमकीन	मीठा	नागरिक	ग्रामीण
नम्य	अनम्य	नाच	गान
नम्रता	उद्दंडता	नाजायज	जायज
नया	पुराना	नाजुक	जायज
नयी/नई	पुरानी	नाटा	लंबा
नरक	स्वर्ग	नाना	नानी
नरमी	गरमी	नापसंद	पसंद
नरलोक	परलोक	नापाक	पाक

नाबालिग	बालिग	निकालना	घुसाना
नामंजूर	मंजूर	निकास	प्रवेश
नामर्द	मर्द	निखरा	सखरा
नामर्दी	मर्दानगी	निखरी	सखरी
नामवर	बदनाम	निगलना	उगलना
नामाकूल	माकूल	निगुरा	सगुरा
नामालूम	मालूम	निचला	ऊपरी
नामी	बदनाम	निजी	सार्वजनिक
नामुनासिब	मुनासिब	निठल्ला	कामकाजी
नामुमकिन	मुमकिन	निठुर	दयालु
नामे	जमा	निडर	डरपोक
नायक	खलनायक	नित्य	अनित्य
नायक	नायिका	निद्रा	जागरण
नारकीय	स्वर्गीय	निंदनीय	अनिंदनीय, प्रशंसनीय, अभिनंदनीय
नाराच	महामालिका	निंदा	स्तुति/प्रशंसा
नाराज	खुश	निंद्य	श्लाघ्य
नारायण	नर	निपुण	अनिपुण
नारी	नर	निमंत्रित	अनिमंत्रित
नालायक	लायक	निमीलन	उन्मीलन
नावाकिफ	वाकिफ	निम्न	उच्च
नाश	निर्माण	निम्नलिखित	उपरिलिखित
नाशवान	अविनाशी	निम्नोक्त	उपर्युक्त
नासमझ	समझदार	नियत	अनियत
नासमझी	समझदारी	नियतकालीन	अनियतकालीन
नास्तिक	आस्तिक	नियतात्मा	अनियतात्मा
नाहर	गीदड़	नियति	अनियति
नि:शस्त्र	सशस्त्र	नियंत्रण	अनियंत्रण
नि:संकोच	ससंकोच	नियंत्रित	अनियंत्रित
नि:स्वार्थ	स्वार्थी	नियमित	अनियमित
निकट	दूर	नियामक	अनियामक
निकलना	घुसना		

नियोक्ता	कर्मचारी	निर्णय	अनिर्णय
निरक्षर	साक्षर	निर्णीत	अनिर्णीत
निरपना	अपना	निर्दय	सदय, दयालु
निरपराध	अपराधी	निर्दिष्ट	अनिर्दिष्ट
निरपेक्ष	सापेक्ष	निर्दोष	सदोष, दोषी
निरपेक्ष संगीत	वस्तु संगीत	निर्दोषता	सदोषता
निरभिमान	अभिमानी	निर्धन	धनी
निरर्थक	सार्थक	निर्धनता	धनाढ्यता
निरवधि	सावधि	निर्धारित	अनिर्धारित
निराकार	साकार	निर्बल	सबल
निरादर	आदर	निर्बाध	बाधित
निराधार	साधार	निर्बुद्धि	बुद्धिमान्
निरामिष	सामिष	निर्भय	सभय, भयभीत
निरावलंब	सावलंब	निर्भीक	भीरु
निरावृत	आवृत	निर्भीकता	भीरुता
निराश	आशावान	निर्भ्रांत	भ्रांत
निराश्रय	आश्रय	निर्मम	दयालु
निरीश्वरवाद	ईश्वरवाद	निर्मल	मलिन
निरुत्साह	उत्साही	निर्माण	विनाश, ध्वंस
निरुद्देश्य	सोद्देश्य	निर्मूल	समूल
निरुद्ध	अनिरुद्ध	निर्यात	आयात
निरुद्यम	उद्यम	निर्लज्ज	सलज्ज
निरुद्योग	उद्योग	निर्लिप्त	लिप्त
निरुपम	तुलनीय	निर्वचनीय	अनिर्वचनीय
निरुपयोग	उपयोग	निर्वसन	सवस्त्र
निरुपाधि	सोपाधि	निर्वचनीय	अनिर्वचनीय
निरोगी	रोगी	निर्वाच्य	अनिर्वाच्य
निर्गत	आगत	निर्विकार	विकारयुक्त
निर्गम	आगम	निर्विघ्न	विघ्नयुक्त
निर्गुण	सगुण	निर्विवाद	विवादयुक्त
निर्जल	सजल	निवृत्त	प्रवृत्त
निर्जीव	सजीव	निवृत्ति	प्रवृत्ति

निशाकर	दिवाकर	नीची	ऊँची
निश्चय	अनिश्चय	नीचे	ऊपर
निश्चयात्मक	अनिश्चयात्मक	नीति	अनीति
निश्चित	अनिश्चित	नीयत	बदनीयत
निश्चेष्ट	सचेष्ट	नीर	क्षीर
निश्छल	छलिया	नीरस	सरस
नि:शुल्क	सशुल्क	नीरुजता	रुग्णता
निषिद्ध	विहित	नीरोग	रोगी
निष्कलंक	कलंकित	नुकसान	फायदा
निष्काम	सकाम	नुकीला	भोंथरा
निष्क्रिय	सक्रिय	नूतन	पुरातन
निष्क्रियता	सक्रियता	नृत्य	संगीत
निष्क्रिय पूँजी	कार्यशील पूँजी	नृप	भिक्षुक
निष्ठा	अनिष्ठा	नेक	बद
निष्ठुर	दयालु	नेकनाम	बदनाम
निष्णात	अकुशल	नेकनामी	बदनामी
निष्पक्ष	पक्षपाती	नेकनीयत	बदनीयत
निष्पत्ति	उत्पत्ति	नेकनीयती	बदनीयती
निष्पापी	पापी	नेकी	बदी
निष्प्रभ	तेजवंत	नेत्रहीन	नेत्रवान
निष्प्रयोजन	प्रयोजनीय	नेवला	साँप
निष्प्राण	प्राणवान	नैकचर	एकचर
निष्फल	सफल	नैतिक	अनैतिक
निस्तेज	तेजवान	नैसर्गिक	अनैसर्गिक
निस्संकोच	संकोची	नैहर	ससुराल
निस्सीम	सीमित	नोचना	खसोटना
निस्स्नेह	सस्नेह	नौकर	मालिक
निहत्था	हथियारबंद	न्यायसंगत	अन्यायपूर्ण
निर्हेतुक	हेतुक	न्यायपूर्ण	अन्यायपूर्ण
निवासी	अनिवासी	न्यून	अधिक
नीचा	ऊँचा		

□

प

देवनागरी वर्णमाला में प–वर्ग का पहला व्यंजन। यह द्वि–ओष्ठ्य (द्वयोष्ठ्य), स्पर्श, अघोष और अल्पप्राण है। इसका महाप्राण रूप 'फ' है।

पकड़ना	छोड़ना	पतन	उत्थान
पका	कच्चा	पतनोन्मुख	विकासोन्मुख
पक्का	कच्चा	पतला	मोटा, गाढ़ा
पक्व	अपक्व	पति	पत्नी
पक्ष	विपक्ष	पतित	पावन
पक्षधर	विपक्षी	पतिव्रता	कुलटा
पक्षपात	तटस्थता, निष्पक्षता	पतुरिया	पतिव्रता
		पत्तन	गाँव
पक्षपाती	निष्पक्ष	पत्ता	फूल
पक्षीय	प्रतिपक्षीय, विपक्षीय	पत्थर	मोम
		पथ्य	अपथ्य
पचित	अपचित	पदपाठ	संहितापाठ
पटकना	उठाना	पदस्थ	अपदस्थ, पदच्युत
पटु	अपटु		
पठित	अपठित	पदादि	पदांत
पट्ठा	वृद्ध	पदावनति	पदोन्नति
पंडित	मूर्ख	पद्य	गद्य
पढ़ा–लिखा	अनपढ़, बेपढ़ा, अँगूठा छाप	पद्यांश	गद्यांश
		पय	नीर

परकीय	स्वकीय	परिचर	परिचारिका
परकीया	स्वकीया	परिचारक	परिचारिका
परजीवी	परपोषी	परिचित	अपरिचित
परत:प्रमाण	स्वत:प्रमाण	परिच्छिन्न	अपरिच्छिन्न
परतंत्र	स्वतंत्र	परिणत	अपरिणत
परतंत्रता	स्वतंत्रता	परिणीत	अपरिणीत
परदानशीन	बेपरदा	परितुष्ट	असंतुष्ट
परदेश	स्वदेश	परितृप्ति	अतृप्ति
परधर्म	स्वधर्म	परित्यजन	अंगीकरण
परनिष्ठ	आत्मनिष्ठ	परिपक्व	अपरिपक्व
परबस	स्ववश	परिपुष्ट	अपरिपुष्ट
परमात्मा	आत्मा	परिपूर्ण	रिक्त
परमावश्यक	अनावश्यक	परिभाष्य	अपरिभाष्य
परमार्थ	स्वार्थ	परिमार्जित	अपरिमार्जित
परला	उरला	परिमित	अपरिमित
परलोक	इहलोक	परिवर्तन	स्थिरता
परवर्ती	पूर्ववर्ती	परिवर्तनीय	अपरिवर्तित
परवश	स्ववश	परिशेष	निश्शेष
परवाह	बेपरवाही	परिश्रम	विश्राम, अनुद्यम
पराजय	जय	परिश्रमी	आलसी
पराजित	जेता, विजेता	परिष्कार	अपरिष्कार
पराजेय	अपराजेय	परिष्कृत	अपरिष्कृत
पराधीन	स्वाधीन	परिसमाप्ति	प्रारंभ
पराभव	जीत	परिसीमित	अपरिसीमित
परायत्त	स्वायत्त	परिमेय	अपरिमेय
पराया	अपना	परिहार्य	अपरिहार्य
परार्थ	स्वार्थ	परीक्षित	अपरीक्षित
परावलंबी	स्वावलंबी	परीजाद	बदसूरत
पराश्रित	स्वाश्रित	परुष	अपरुष, कोमल
परास्त	अपराजित	परोक्ष	प्रत्यक्ष
परिग्रही	अपरिग्रही	परोपकार	अपकार

पर्दा	बेपर्दगी
पर्याप्त	अपर्याप्त
पवित्र	अपवित्र
पश्च	अग्र
पश्चगमन	अग्रगमन, पुरोगमन
पश्चगामी	अग्रगामी, पुरोगामी
पश्चज्ञान	पूर्वज्ञान
पश्चदर्शन	पूर्वदर्शन
पश्चात्	पूर्व, पुरस्तात
पश्चिम	पूर्व
पश्चानुबंधन	अग्रानुबंधन
पस्तहिम्मत	सोत्साह
पसंद	नापसंद, नापसंदगी
पहला	पिछला, बादवाला
पहले	पीछे, बाद में
पाक	नापाक
पाक्षिक	मासिक
पाच्य	अपाच्य
पाठ्य	अपाठ्य
पाणि	पाँव
पातकी	पुण्यवान
पाताल	आकाश
पात्र	अपात्र
पाना	खोना
पानी	हवा
पाप	पुण्य
पापात्मा	पुण्यात्मा
पापी	निष्पाप, पुण्यवान, पुण्यशील
पाबंदी	छूट
पारतंत्र्य	स्वातंत्र्य
पारदर्शी	अपारदर्शी
पारित	निरस्त
पारंपरिक	अपारंपरिक
पार्थक्य	मिलन
पार्थिव	अपार्थिव
पार्वती	शंकर
पार्श्व	दूर
पालतू	जंगली
पावन	अपावन
पाश्चात्य	पौर्वात्य, पौरस्त्य
पाषाण	मोम
पाषाणहृदय	दयालु
पास	दूर
पिक	काक
पिघलना	जमना
पिचकना	फूलना
पिछला	अगला
पिता	माता
पितृतंत्र	मातृतंत्र
पिपासा	तृप्ति
पिया	प्रिया
पिशाच	पिशाचिनी
पीछा	आगा
पीछे	आगे
पीटना	दुलारना

पीयूष	विष
पीहर	ससुराल
पुंसत्व	अपुंसत्व
पुख्ता	कमजोर
पुचकारना	दुत्कारना
पुण्य	पाप
पुण्यात्मा	पापी
पुनीत	अपुनीत
पुरवासी	ग्रामवासी
पुरस्कार	दंड
पुरस्कृत	दंडित
पुरातन	नूतन
पुराना	नया
पुरावर्ती	पश्चवर्ती
पुरुष	स्त्री
पुरुषार्थी	अनुद्यमी
पुष्ट	अपुष्ट, क्षीण
पुष्टि	अपुष्टि
पुष्प	कंटक
पुस्तिका	पुस्तक
पूँजीपति	भिखारी
पूत	अपूत
पूनम	अमावस
पूरक	अपूरक
पूरणीय	अपूरणीय
पूरब	पश्चिम
पूरा	आधा
पूरित	अपूरित
पूरी	आधी
पूर्ण	अपूर्ण, खाली, रिक्त
पूर्णता	अपूर्णता
पूर्णकालिक	अपूर्णकालिक
पूर्णमासी	अमावस
पूर्व	पश्चात्
पूर्वतन	अद्यतन
पूर्ववत्	अपूर्ववत्
पूर्वपद	उत्तरपद
पूर्वी	पश्चिमी
पूर्ववर्ती	परवर्ती
पृथक्	संयुक्त
पृथक्करणीय	अपृथक्करणीय
पृथ्वी	आकाश
पृष्ठभाग	अग्रभाग
पेचीदा	सरल
पेट	पीठ
पेय	अपेय
पैर	हाथ
पोला	ठोस
पोशीदगी	जहूर
पोशीदा	जाहिर
पोषण	कुपोषण
पोषित	अपोषित
पौ	गोधूलि
पौधा	पेड़
पौरजन	ग्राम्यजन
पौरुष	नपुंसकता
पौरुषेय	अपौरुषेय
पौर्वात्य	पाश्चात्य
प्यार	घृणा
प्रकट	अदृष्य, अंतर्धान,

	अप्रकट, गुप्त, प्रच्छन्न
प्रकर्ष	अपकर्ष
प्रकल्पित	अकल्पित
प्रकाश	अंधकार
प्रकाशित	अप्रकाशित
प्रकृत	अप्रकृत, विकृत, संस्कृत
प्रकृतिस्थ	अप्रकृतिस्थ
प्रकृष्ट	निकृष्ट
प्रखर	मंद
प्रगट	गुप्त
प्रगति	विनाश
प्रगतिवादी	रूढ़िवादी
प्रगतिशील	अप्रगतिशील, दकियानूस, रूढ़िवादी
प्रगल्भ	अप्रगल्भ
प्रचलित	अप्रचलित
प्रचार	अप्रचार
प्रचारित	अप्रचारित
प्रचुर	अप्रचुर
प्रचुरता	न्यूनता
प्रच्छन्न	अप्रच्छन्न, प्रकट, प्रत्यक्ष
प्रजा	राजा
प्रणत	प्रगल्भ
प्रणयिनी	प्रणयी
प्रणयी	प्रणयिनी
प्रताड़ना	प्यार
प्रतिकूल	अनुकूल

प्रतिकूलता	अनुकूलता
प्रतिकूलतः	अनुकूलतः
प्रतिचक्रवात	चक्रवात
प्रतिदिन	कभी-कभी
प्रतिध्वनि	ध्वनि
प्रतिपत्र	अप्रतिपत्र
प्रतिपन्न	अप्रतिपन्न
प्रतिबद्ध	अप्रतिबद्ध
प्रतिबंध	छूट
प्रतिभावान	प्रतिभाहीन
प्रतिम	अप्रतिम
प्रतिपवन	अभिपवन
प्रतिरक्षा	असुरक्षा
प्रतिलोम	अनुलोम
प्रतिष्ठा	अप्रतिष्ठा
प्रतिष्ठित	अप्रतिष्ठित
प्रतिहार्य	अप्रतिहार्य
प्रतीक्षित	अप्रतीक्षित
प्रतीच्य	उदीच्य, पूरबी
प्रत्यक्ष	अप्रत्यक्ष, परोक्ष
प्रत्याशित	अप्रत्याशित
प्रत्यूष	सायं
प्रथम	अंतिम
प्रथा	कुप्रथा
प्रधान	गौण
प्रपंची	सज्जन
प्रफुल्ल	म्लान
प्रफुल्लित	रुष्ट
प्रबंध	कुप्रबंध
प्रबल	निर्बल
प्रभा	अंधकार,

	निष्प्रभता	प्रशंसित	निंदित
प्रभावित	अप्रभावित	प्रशस्त	अप्रशस्त
प्रभावी	निष्प्रभावी,	प्रशिक्षित	अप्रशिक्षित
	अप्रभावी,	प्रश्न	उत्तर
	प्रभावशून्य	प्रश्रय	निराश्रय
प्रभाहीन	प्रभावान	प्रसन्न	अप्रसन्न,
प्रभु	भृत्य		खिन्न, दु:खी
प्रमदा	नवयुवक	प्रसन्नता	अप्रसन्नता,
प्रमाद	सावधानी		खेद, दु:ख
प्रमादी	सावधान	प्रसम	अप्रसम
प्रमाणित	अप्रमाणित	प्रसार	संकोच
प्रमुख	गौण	प्रसिद्ध	अप्रसिद्ध
प्रमुदित	अप्रसन्न	प्रसून	शूल
प्रयुक्त	अप्रयुक्त	प्रस्तुत	अप्रस्तुत
प्रयोग	अप्रयोग	प्रस्तुति	अप्रस्तुति
प्रलय	सृष्टि	प्राकृत	अप्राकृत
प्रवंचक	विश्वासपात्र	प्रस्थान	आगमन
प्रवर	अवर	प्राकृतिक	अप्राकृतिक,
प्रवृत्त	अप्रवृत्त		कृत्रिम
प्रवृत्ति	निवृत्ति	प्राची	पश्चिम
प्रविष्ट	निकास	प्राचीन	अर्वाचीन
प्रवीणता	अप्रवीणता	प्राचीनतावादी	आधुनिकतावादी
प्रवृत्ति	निवृत्ति	प्राचुर्य	अभाव
प्रवेश	निकास	प्राज्ञ	मूर्ख
प्रशंसा	निंदा, भर्त्सना	प्रांजल	अप्रांजल
प्रशंसक	निंदक	प्राणमय	प्राणहीन
प्रशंसनीय	अप्रशंसनीय,	प्रात:	सायं
	निंदनीय	प्रात:काल	सायंकाल
प्रशंसित	निंदित	प्रातिलोमिक	अनुलोमिक
प्रशंसक	निंदक	प्राथमिक	अंतिम
प्रशंसा	निंदा	प्राधिकृत	अप्राधिकृत

प्राध्यापक	छात्र	प्रीति	द्वेष
प्राप्त	अप्राप्त	प्रेम	घृणा
प्राप्य	अप्राप्य, दुष्प्राप्य	प्रेमभाव	दुर्भाव
प्रामाणिक	अप्रामाणिक	प्रेय	अप्रेय
प्रामाण्य	अप्रामाण्य	प्रेरित	अप्रेरित
प्राय:	बहुधा, सदैव	प्रेषक	प्रापक
प्रारंभिक	अंतिम	प्रोत्साहित	हतोत्साहित
प्रासंगिक	अप्रासंगिक,	प्रौढ़	अप्रौढ़
	बेतुका	प्रौढ़ता	अप्रौढ़ता
प्रिय	अप्रिय		

□

फ

देवनागरी वर्णमाला में प-वर्ग का दूसरा व्यंजन। यह द्वि-ओष्ठ्य, स्पर्श, अघोष और महाप्राण ध्वनि है।

फजूलखर्च	कंजूस	फायदा	नुकसान
फटकार	दुलार	फालतू	जरूरी
फटना	जुड़ना	फिक्र	बेफिक्री
फटीचर	अमीर	फीका	मीठा
फतह	शिकस्त	फुटकर	थोक
फतेहयाब	नाकामयाब	फुरकत	मिलन
फन	ऐब	फुरती	आलस्य
फरियाद	हुक्म	फूट	एकता
फरोख्त	खरीद	फूल	काँटा
फर्ज	हक	फूहड़	सुघड़
फलदार	फलहीन	फेंकना	लपकना
फलवान	निश्फल	फेरना	ठहराना
फलाहारी	अनाजी	फेल	पास
फलित	अफलित	फैलना	सिकुड़ना
फसाना	हकीकत	फैलाना	सिकोड़ना
फँसना	निकलना	फौलादी	कमजोर

ब

देवनागरी वर्णमाला का तेईसवाँ वर्ण, जो प-वर्ग का तीसरा व्यंजन है। यह द्वि-ओष्ठ्य, स्पर्श, घोष और अल्पप्राण ध्वनि है। इसका महाप्राण रूप 'भ' है।

बकवादी	मूक	बढ़ना	घटना
बकाया	पेशगी	बढ़ाना	घटाना
बगावत	शांति	बढ़िया	घटिया
बगुला	हंस	बढ़ोत्तरी	घटोत्तरी
बंकिम	सीधा	बदकिस्मत	खुशकिस्मत
बचकाना	बुजुर्गाना	बदचलन	शरीफ
बचत	खर्च	बदजबान	खुशजबान
बचपन	बुढ़ापा	बदतमीज	तमीजदार
बच्चा	बूढ़ा	बदनसीब	खुशनसीब
बच्ची	बूढ़ी	बदनाम	नामवर
बजा	नावाजिब	बदनामी	नेकनामी
बजाना	गाना	बदनीयत	नेकनीयत
बंजर	उपजाऊ	बदबू	खुशबू
बड़प्पन	ओछापन	बदमजा	मजेदार
बड़बड़िया	गुमसुम	बदमाश	शरीफ
बड़ा	छोटा	बदमाशी	शराफत
बड़ाई	बुराई	बदमिजाज	खुशमिजाज
बढ़त	घटत	बदमिजाजी	खुशमिजाजी
बढ़ती	घटती	बदशक्ल	खूबसूरत

बदसूरत	खूबसूरत	बहिष्कार	अंगीकार
बदी	नेकी	बहु आक्षरिक	एकाक्षरिक
बददुआ	दुआ	बहुकेंद्रिक	एककेंद्रिक
बद्ध	मुक्त	बहुज्ञ	अल्पज्ञ
बद्धाक्षर	मुक्ताक्षर	बहुत	थोड़ा
बध्य	अबध्य	बहुतायत	कमी
बनना	बिगड़ना	बहुदेववादी	एकेश्वरवादी
बना-ठना	बेढंगा	बहुधा	यदाकदा
बनाना	बिगाड़ना	बहुमत	अल्पमत
बनावट	वास्तविकता	बहुरिया	दुलहा
बंद	खुला	बहुलता	अल्पता
बंधन	मुक्ति	बहूद्देशीय	निरुद्देशीय
बरबाद	आबाद	बँगला	झोंपड़ी
बरसात	सूखा	बँटवारा	मिलान
बराबर	असमान	बाकायदा	बेकायदा
बरी	बंदी	बाकी	अशेष
बर्खास्त	बरकरार, बहाल	बाघ	गीदड़
बर्बर	सभ्य	बाण	धनुष
बलवान्	बलहीन, निर्बल	बाढ़	सूखा
बसाना	उजाड़ना	बातूनी	गूँगा
बहादुर	बुजदिल, कायर	बाद	पहले
बहार	खिजाँ	बादशाह	रैयत
बहि:	अंत:, अंतस्	बादी	हाजमा
बहिरंग	अंतरंग	बाधक	साधक, अबाधक
बहिर्गत	अंतर्गत		
बहिर्जगत्	अंतर्जगत्	बाधित	अबाधित
बहिर्द्वंद्व	अंतर्द्वंद्व	बाध्य	अबाध्य, बाधक
बहिर्भूत	अंतर्भूत	बाना	ताना
बहिर्मुख	अंतर्मुख	बाप	माँ
बहिर्विवाह	अंतर्विवाह	बायाँ	दायाँ, दाहिना
बहिश्त	जहन्नुम	बायें	दायें, दाहिने

बार-बार	कभी-कभी	बुजुर्ग	बच्चा
बारिश	सूखा	बुझाना	जलाना
बारीक	मोटा	बुड्ढा	बालक
बाल	वृद्ध	बुढ़ापा	बचपन
बाला	वृद्धा	बुद्धि	कुबुद्धि
बालिग	नाबालिग	बुद्धिजीवी	श्रमजीवी
बाल्यकाल	वृद्धावस्था	बुद्धिमत्ता	मूर्खता
बावफा	बेवफा	बुद्धिमान्	बुद्धिहीन, मूर्ख
बासा	ताजा	बुद्धू	चालाक
बाहर	अंदर, भीतर	बुरा	अच्छा, भला
बाहर-बाहर	भीतर-भीतर	बुराई	अच्छाई
बाहरी	अंदरूनी	बूढ़ा	बच्चा
बाहु	पाँव	बृहत्	लघु
बाहुल्य	अभाव	बेअंदाज	अंदाज
बाह्य	आंतरिक, अभ्यंतर	बेअक्ल	अक्लमंद
		बेअदब	बाअदब
बाँकुरा	कायर	बेआबरू	बाइज्जत
बाँझ	संतानवती	बेइनसाफ	इनसाफ
बाँदी	रानी	बेईमान	ईमानदार
बाँधना	छोड़ना, खोलना	बेईमानी	ईमानदारी
बिक्री	खरीद	बेकरारी	चैन
बिखरना	सिमटना	बेकसूर	कसूरवार
बिखेरना	समेटना	बेकाबू	काबू
बिगड़ना	बनना	बेकार	कारगर, बारोजगार
बिगाड़ना	सँवारना		
बिछोह	मिलन	बेकारी	बारोजगारी
बीज	वृक्ष	बेखटके	ससंकोच
बीजू	कलमी, पैबंदी	बेखबर	खबरदार
बीमार	चंगा, तंदुरुस्त	बेगम	बादशाह
बुआ	फूफा	बेचना	खरीदना
बुजदिल	शेरदिल	बेजान	जानदार

शब्द	विलोम
बेडौल	सुडौल
बेदम	दमदार
बेदर्द	रहमदिल
बेदाग	दागदार
बेधड़क	ससंकोच
बेनसीब	नसीबवाला
बेपरदा	परदानशीन
बेपरवाह	फिक्रमंद
बेफिक्र	फिक्रमंद
बेमजा	मजेदार
बेमतलब	मतलबशुदा
बेमेल	संगत
बेरंग	रंगदार
बेरहम	रहमदिल
बेरोजगार	बारोजगार
बेलिहाज	शरमदार
बेवकूफ	समझदार
बेशर्म	शर्मदार
बेसमझ	समझदार
बेसुध	चैतन्य
बेहतर	खराबी
बेहोशी	होश-हवास
बैकुंठवासी	इहलोकवासी
बैठना	उठना
बैठाना	उठाना
बैल	गाय
बोझिल	हलका
बोदा	होशियार
बोधगम्य	अबोधगम्य, गूढ़, दुरूह
बोध्य	अबोध्य
बौड़म	होशियार
ब्याज	मूलधन
ब्याहा	अनब्याहा, कुँआरा
ब्राह्ममुहूर्त्त	गोधूलि

□

भ

देवनागरी वर्णमाला में 'प-वर्ग' का चौथा व्यंजन। यह द्वि-ओष्ठ्य, स्पर्श, घोष और महाप्राण है। इसका अल्पप्राण रूप 'ब' है।

शब्द	विलोम
भक्त	अभक्त
भक्ष्य	अभक्ष्य
भगवंत	भक्त
भग्न	अभग्न, साबुत
भंगुर	अभंगुर
भंजनीय	अभंजनीय
भद्र	अभद्र
भद्रता	अभद्रता
भय	साहस
भयंकर	मनोहर
भय	निर्भय
भयप्रद	आनंदप्रद
भयभीत	निर्भय, अभय,
	निडर, निर्भीक
भयहारी	भयकारी
भरना	उड़ेलना
भरपूर	अपूर्ण
भरमार	कमी
भरा	खाली, छूछा,
	रिक्त
भरोसा	अविश्वास
भर्त्सना	प्रशंसा
भलमनसाहत	बदमाशी
भला	बुरा
भलाई	बुराई
भविष्य	भूतकाल
भव्य	साधारण, फूहड़
भाईचारा	दुश्मनी
भाईबंद	गैर
भाग	गुणा
भागफल	गुणनफल
भाग्य	दुर्भाग्य
भाग्यवान	अभागा,
	बदकिस्मत,
	हतभाग्य
भाग्यशाली	भाग्यहीन
भाग्यशालिनी	भाग्यहीना
भाग्यहीन	भाग्यवान

भाटा	ज्वार	भूतपूर्व	अभूतपूर्व
भानु	शशि	भूप	भिखारी
भारी	हलका	भूमिउच्च	भूमिनीच
भारी-भरकम	हलका-फुलका	भूरि	स्वल्प
भाव	अभाव	भूषण	दूषण
भावात्मक	अभावात्मक	भृत्य	स्वामी
भावन	अभावन	भेद	अभेद
भावनीय	अभावनीय	भेददर्शी	अभेददर्शी
भावप्रवण	भावप्रवण	भेददृष्टि	अभेददृष्टि
भिक्षु	दाता	भेद्य	अभेद्य, दुर्भेद्य
भिगोना	सुखाना	भोंदू	होशियार
भिनसार	शाम	भोग	अभोग
भिन्न	अभिन्न	भोगी	योगी
भिन्नता	अभिन्नता	भोग्य	अभोग्य
भिन्न-भिन्न	एकमएक	भोज्य	अभोज्य
भिन्नहृदय	अभिन्नहृदय	भोथरा	धारदार
भिन्नोदर	सहोदर	भोर	साँझ
भीख	दान	भोला	चालाक
भीगा	सूखा	भौजाई	भैया
भीड़	एकांत	भौतिक	आध्यात्मिक
भीत	अभीत	भौतिकवाद	अध्यात्मवाद
भीतर	बाहर	भ्रष्ट	ईमानदार
भीतरी	बाहरी	भ्रष्टाचार	सदाचार
भीरु	वीर	भ्रांत	निर्भ्रांत
भुजंग	भुजंगिनी	भ्रांति	निर्भांतता
भू	गगन	भ्रातृत्व	शत्रुता
भूत	भविष्य		

□

म

देवनागरी वर्णमाला में प–वर्ग का पाँचवाँ व्यंजन। यह द्वि–ओष्ठ्य, घोष, अल्पप्राण और नासिक्य है। इसका महाप्राण रूप 'म्ह' कुछ बोलियों में ही मिलता है (कुम्हार, तुम्हार)।

मक्कार	सीधा–सादा
मक्खीचूस	शाहखर्च
मंगल	अमंगल
मंगलकारक	अमंगलकारक
मंगलकारी	अमंगलकारी
मजदूर	मालिक
मजबूत	कमजोर
मजेदार	बेमजा
मंजूर	नामंजूर
मंडन	खंडन
मत	विमत
मतभेद	मतैक्य
मति	कुमति
मत्सर	प्रेम
मत्त	अमत्त
मद्धिम	तेज
मधुगतु	ग्रीष्मगतु
मधुर	अमधुर, कटु,
	कर्कश, तीक्ष्ण
मद्दा	महँगा
मनगढ़ंत	यथार्थ,
	तथ्यपरक
मनचाहा	अनचाहा
मनस्वी	खुशदिल
मनहूस	अनचाहा
मनुज	दनुज
मनुष्य	पशु
मनुष्यता	पशुता
मनुष्यत्व	पशुत्व
मंथर	तीव्र
मंद	तीव्र, द्रुत
मंदड़िया	तेजड़िया
मंदा	महँगा
मंदाग्नि	पाच्यता
ममता	द्वेष
मयंक	सूर्य

मरण	जीवन	माकूल	नामाकूल
मरना	जीना	माखन	छाछ
मरियल	मजबूत	मांगलिक	अमांगलिक
मर्त्य	अमर्त्य	माटी	सोना
मर्द	नामर्द, औरत	मात	जीत
मर्दानगी	नपुंसकता	मातम	खुशी
मर्दाना	जनाना	मातृक	पितृक
मर्मज्ञ	मूर्ख	मातृभाषा	विदेशी भाषा
मर्यादित	अमर्यादित	मादा	नर
मल	विमल	माधुरी	कड़वाहट
मलिन	स्वच्छ, निर्मल	मान	अपमान
मशहूर	बदनाम	मानना	इनकारना
मसजिद	मंदिर	माननीय	निंदनीय
मसृण	रुक्ष	मानव	दानव
महक	बदबू	मानवता	नृशंसता
महत्	क्षुद्र, लघु	मानवीय	अमानवीय, दानवी, राक्षसी, पाशविक
महत्ता	लघुता, क्षुद्रता		
महत्त्व	महत्त्वहीन		
महत्त्वपूर्ण	गौण	मानसिक	शारीरिक
महँगाई	सस्तापन	मानुषीय	अमानुषीय
महँगी	सस्ती	मान्य	अमान्य
महात्मा	दुरात्मा	माफिक	खिलाफ
महान्	तुच्छ, लघु	माफी	सजा
महानता	तुच्छता	मामूली	खास
महामना	संकीर्णमना	मायका	ससुराल
महारत	अनाड़ीपन	मायूस	गैरमायूस
महार्घ्य	सस्ता	मारना	दुलारना, बचाना
महिमागान	निंदा	मार्गी	वक्री
महीन	मोटा	मार्जित	अमार्जित
मांसल	अमांसल	मालिक	नौकर
मांसाहारी	शाकाहारी	मालूम	नामालूम

मासिक	सालाना
मास्टर	स्टूडेंट
माँग	पूर्ति
मितव्यय	अपव्यय
मितव्ययी	अपव्ययी
मित्र	शत्रु
मित्रता	शत्रुता
मित्रत्व	शत्रुत्व
मित्राक्षर छंद	अमित्राक्षर छंद
मिथ्या	सत्य
मिथ्यादर्शन	सम्यग्दर्शन
मिथ्यादृष्टि	सम्यग्दृष्टि
मिथ्यावादी	सत्यवादी
मिलन	विछोह, विरह, वियोग, विरह, विच्छेद
मिलना	बिछुड़ना
मिष्टभाषी	कटुभाषी
मिश्रित	अमिश्रित
मीठा	नमकीन, फीका
मीलित	उन्मीलित
मुक्त	बद्ध
मुक्तककाव्य	प्रबंधकाव्य
मुख	पृष्ठ
मुख्य	गौण
मुग्ध	अमुग्ध
मुद्रासंकुचन	मुद्रास्फीति
मुनाफा	घाटा, नुकसान
मुनासिब	नामुनासिब
मुमकिन	नामुमकिन
मुमूर्षा	जिजीविषा
मुरझाना	खिलना
मुलायम	कड़ा, कठोर, सख्त
मुसीबत	आराम
मूक	वाचाल, मुखर
मूढ़	ज्ञानी
मूर्ख	चतुर
मूर्च्छित	सचेत, सजग
मूर्च्छा	चेतना
मूर्त	अमूर्त
मूल्यवान	मूल्यहीन
मृत	जीवित
मृदु	कठोर
मृदुल	कठोर
मेल	वैमनस्य, अनबन
मैत्री	अमैत्री
मोघ	अमोघ
मोटा	पतला, महीन
मोहित	अमोहित
मौका	बेमौका
मौके	बेमौके
मौखिक	लिखित
मौखिक परीक्षा	लिखित परीक्षा
मौन	वाचाल, मुखर
मौलिक	अमौलिक
म्लान	प्रफुल्लता

□

य

देवनागरी वर्णमाला में अंत:स्थ वर्ग का पहला व्यंजन। यह तालव्य, घोष और अल्पप्राण है। यह 'अंत:स्थ' वर्ण है, क्योंकि स्पर्श वर्ण और ऊष्म वर्ण के बीच का वर्ण। है। यह अर्धस्वर है और इ/ई की अ/आ से संधि होने पर इ/ई के स्थान पर 'य' हो जाता है। (जैसे- यदि+अपि=यद्यपि; प्रति+आक्रमण=प्रत्याक्रमण)

यथार्थ	अयथार्थ
यथार्थवादी	आदर्शवादी
यथेष्ट	कम
यश	अपयश
यशस्वी	अयशस्वी
याचक	दाता
याचित	अयाचित
युक्त	अयुक्त, वियुक्त, हीन
युक्तियुक्त	युक्तिहीन, युक्तिरहित, अयुक्तियुक्त
युगपत्	क्रमश:
युद्ध	शांति
युवा	वृद्ध
योग	वियोग
योगी	भोगी
योग्य	अयोग्य
योग्यता	अयोग्यता
यौगिक	अयौगिक
यौवन	वार्धक्य

□

र

देवनागरी वर्णमाला में अंत:स्थ वर्णों के वर्ग का दूसरा व्यंजन। यह वर्त्स्य, लुंठित, घोष और अल्पप्राण है। इसका महाप्राण रूप 'र्ह' मानक हिंदी में नहीं है, परंतु कुछ बोलियों में मिलता है। (जैसे- कर्हानो=कराहना, अर्हा=अरहर)। 'र' के उच्चारण में जीभ की नोक को कुछ लुंठित करके (लपेटकर), वर्त्स (अर्थात् ऊपर के मसूड़े को) स्पर्श किया जाता है। अत: प्रयत्न की दृष्टि से 'र' को 'लुंठित' ध्वनि कहा जाता है।

रक्षक	भक्षक	रसीला	रसहीन, नीरस
रक्षणीय	अरक्षणीय	रहमदिल	बेरहम
रक्षा	विनाश	राग	द्वेष, विराग
रक्षित	अरक्षित	रागी	विरागी
रखना	हटाना	राजतंत्र	जनतंत्र
रंक	राजा/धनी	राजभक्त	राजद्रोही
रचना	ध्वंस	राजा	प्रजा, रंक
रचनात्मक	विनाशात्मक	रात	दिन
रचित	अरचित	रात्रि	दिवस
रत	विरत	राम	रावण
रति	विरति	राहित्य	साहित्य
रद्द	बहाल	रिक्त	पूर्ण, भरा
रवि-उच्च	उपसौर,	रुक्ष	स्निग्ध, मृदु
	रविनीच	रुग्ण	स्वस्थ
रसिक	अरसिक	रुचि	अरुचि

रुचिकर	अरुचिकर
रुदन	हास
रूढ़िबद्ध	रूढ़िमुक्त
रूढ़िवादी	रूढ़िमुक्त
रूढ़िलक्षणा	प्रयोजनवती
	लक्षणा
रूपवान	कुरूप
रोगी	निरोग
रोचक	अरोचक
रोना	हँसना
	अरौद्र

□

ल

देवनागरी वर्णमाला में अंतःस्थ वर्ग का तीसरा व्यंजन। यह वत्स्र्य (दंत्य), घोष, पार्श्विक और अल्पप्राण है। इसका महाप्राण रूप 'ल्ह' मानक हिंदी में नहीं है, परंतु कुछ बोलियों में मिलता है (अल्हड़)। संस्कृत में विद्यमान 'लृ' स्वर हिंदी में नहीं है और संस्कृत में वह संधि नियमानुसार 'ल' में बदल जाता है। 'ल' स्वर और व्यंजन के मध्य में स्थित होने से अंतःस्थ वर्ण है।

लक्षित	अलक्षित
लक्ष्य भाषा	स्रोत भाषा
लगातार	रुक-रुककर
लघु	वृहत्, गुरु, दीर्घ
लचकीला	कड़ा
लचीला	कठोर
लज्जावान	लज्जाहीन, निर्लज्ज
लदवाना	उतरवाना
लभ्य	अलभ्य
लंबा	ठिगना/नाटा
लंबाई	चौड़ाई
लापरवाह	सावधान
लाभ	हानि, क्षति
लाभदायक	हानिकारक
लाभप्रद	अलाभकर, हानिप्रद
लायक	नालायक
लिखित	अलिखित
लिप्त	अलिप्त/निर्लिप्त
लुप्त	व्यक्त
लुभावना	घिनौना
लेन	देन
लोकधर्मी	नाट्यधर्मी
लोकप्रिय	अलोकप्रिय
लोभी	अलोभी/निर्लोभ
लोहित	अलोहित
लौकिक	अलौकिक/पारलौकिक

□

व

देवनागरी वर्णमाला में अंत:स्थ वर्णों के वर्ग का चौथा व्यंजन। यह द्वयौष्ठ्य, घोष, अल्पप्राण और पार्श्विक है। 'उ' स्वर संधि आदि में प्राय: 'व' में परिवर्तित हो जाता है, अत: 'व' स्वर-व्यंजन के मध्य में होने से 'अंत:स्थ' है। शब्दों में 'व' का उच्चारण भी दो प्रकार से किया जाता है—एक प्रकार में यह 'उ' के समीप लगता है और प्राय: बोलचाल में 'ब' में परिवर्तित हो जाता है; जैसे—विमल (बिमल), वर्ष (बर्ष/बरस)।

वक्ता	श्रोता
वक्र	गजु/सरल
वक्रगति	मार्गगति
वक्री	मार्गी
वचनबद्ध	अवचनबद्ध
वध्य	अवध्य
वनरोपण	निर्वनीकरण/ वनोन्मूलन
वफादार	बेवफा
वयस्क	अवयस्क, अल्पवयस्क, नाबालिग
वर	वधू
वर	शाप
वरदान	शाप
वरिष्ठ	कनिष्ठ
वर्णनीय	अवर्णनीय/ वर्णानातीत
वर्ण्य	अवर्ण्य
वसंत	पतझर
वस्तुनिष्ठ	व्यक्तिनिष्ठ/ वस्तुसापेक्ष
वस्त्रधारी	वस्त्रहीन, विवस्त्र, नंगा, दिगंबर
वाकिफ	नावाकिफ
वाचाल	मूक
वाच्य	अवाच्य
वाजिब	गैरवाजिब, नावाजिब

वांछनीय	अवांछनीय
वांछित	अवांछित
वाद	प्रतिवाद
वादी	प्रतिवादी
वाम	दक्षिण
वामावर्त्त	दक्षिणावर्त्त
वास्तविकता	अवास्तविकता
विकर्षक	आकर्षक
विकर्षण	आकर्षण
विकल	अविकल
विकसित	अविकसित
विकारी	अविकारी/ निर्विकार
विकास	विनाश/ह्रास
विकीर्ण	संकीर्ण
विकृत	अविकृत
विक्रम	संक्रम
विक्रय	क्रय
विक्षुब्ध	अविक्षुब्ध
विख्यात	कुख्यात
विगत	आगामी
विघटन	संघटन
विघ्नक/विघ्नकारी	विघ्ननाशक
विचलित	अविचलित
विचारणीय	अविचारणीय
विचारवान्	अविचारी/ विचारहीन
विचारित	अविचारित
विचार्य	अविचार्य
विच्छिन्न	अविच्छिन्न
विजय	पराजय
विजयी	परास्त/पराजित
विजातीय	स्वजातीय
विजेता	विजित
विज्ञ	अविज्ञ
विज्ञात	अज्ञात
वितृष्णा	तृष्णा
विदग्ध	अविदग्ध
विदित	अविदित
विदेश	स्वदेश
विदेशी	स्वदेशी
विद्यमान	अविद्यमान
विद्या	अविद्या
विद्वान्	मूर्ख
विधवा	सधवा
विधि	निषेध
विधिक	अविधिक
विधिसम्मत	विधिविरुद्ध
विधिहीन	विधिविहित
विध्यात्मक	निषेधात्मक
विनत	उद्धत
विनम्र	अविनम्र
विनय	अविनय
विनश्वर	अविनश्वर
विनाश	निर्माण
विनीत	अविनीत, दुर्विनीत
विपक्ष	पक्ष
विपत्ति	संपत्ति
विपद्	सपद्
विपन्न	अविपन्न, संपन्न

विप्रयोग	संयोग
विबुध	अविबुध
विभक्त	अविभक्त
विभाजित	अविभाजित
विभाज्य	अविभाज्य
विमुख	उन्मुख/सन्मुख
वियुक्त	युक्त/संयुक्त
वियोग	संयोग
वियोज्य	अवियोज्य
विरक्ति	अनुरक्ति
विरल	सुलभ, सर्वसुलभ
विराग	अनुराग/राग
विरागी	रागी
विराट्	क्षुद्र
विरोध	समर्थन
विरोधक	समर्थक
विरोधी	समर्थक
विलंब	अविलंब
विलोम	पर्याय
विवादास्पद	निर्विवाद
विवाहित	अविवाहित/ कुँवारा
विवृत्त	अविवृत्त
विवेकी	अविवेकी
विशाल	लघु
विशिष्ट	साधारण, सामान्य
विशिष्ट कर	यथामूल्य
विशुद्ध	अविशुद्ध
विशेष	सामान्य, साधारण
विशेषज्ञ	अविशेषज्ञ
विश्लेषण	संश्लेषण
विश्वसनीय	अविश्वसनीय
विश्वस्त	अविश्वस्त, विश्वासघाती
विश्वास	अविश्वास
विश्वासपात्र	विश्वासघाती
विष	अमृत
विसर्जन	आवाहन
विस्तार	संक्षेप
विस्तीर्ण	संकीर्ण
विस्तृत	संकुचित, संक्षिप्त
विस्मरण	स्मरण
विस्मरणीय	अविस्मरणीय
विहित	अविहित
विहीन	युक्त
वीर	कायर
वीरता	कायरता
वृद्धि	क्षय, ह्रास
वृष्टि	अनावृष्टि
वैकल्पिक	अनिवार्य
वैज्ञानिक	अवैज्ञानिक
वैतनिक	अवैतनिक
वैदिक	अवैदिक
वैध	अवैध
वैधता	अवैधता
वैधानिक	अवैधानिक
वैभव	दैन्य
वैमनस्य	सौमनस्य

वैर	प्रीति, प्रेम	व्यवहार्य	अव्यवहार्य
वैषम्य	साम्य	व्यवहृत	अव्यवहृत
वैसा	ऐसा	व्यष्टि	समष्टि
व्यक्त	अव्यक्त	व्यष्टि अर्थशास्त्र	समष्टिगत अर्थशास्त्र
व्यक्ति	जाति, समाज		
व्यक्तिगत	सामूहिक, सामाजिक	व्यष्टिगत	समष्टिगत
		व्यष्टिवाद	समष्टिवाद
व्यग्र	शांत	व्यस्त	अव्यस्त
व्यभिचारी	सदाचारी	व्यापक	संकुचित
व्यय	आय	व्याप्त	अव्याप्त
व्यर्थ	अव्यर्थ, सार्थक	व्यावहारिक	अव्यावहारिक
व्यवस्था	अव्यवस्था	व्यास-शैली	समास-शैली
व्यवस्थित	अव्यवस्थित	व्युत्पन्न	अव्युत्पन्न

□

श

देवनागरी वर्णमाला में ऊष्म वर्णों के वर्ग का पहला व्यंजन। यह तालव्य, अघोष, संघर्षी तथा ईशद्विवृत है।

शऊर	बेशऊर, बदशऊर
शक	विश्वास
शकल	बदशकल
शकुन	अपशकुन
शक्कर	मिर्च
शक्त	अशक्त
शक्ति	अशक्ति, शक्तिहीनता
शक्तिपुंज	अशक्त
शक्तिमत्ता	दुर्बलता
शक्तिमान	अशक्त
शक्तिशाली	दुर्बल, अशक्त
शक्य	अशक्य
शंक	नि:शंक
शंकर	पार्वती, शंकरी
शंका	निस्संदेह
शंकाकुल	नि:शंक
शंकित	अशंकित
शंख	घोंघा, शंबूक
शची	इंद्र
शठ	भला, सज्जन
शत्रु	मित्र
शत्रुता	मित्रता
शब्द	अक्षर
शब्द	नि:शब्दता
शब्दभेद	अक्षरभेद
शब्दश:	अक्षरश:
शब्दार्थ	वाक्यार्थ
शब्दालंकार	अर्थालंकार
शम	अशांति
शमन	उद्वेलन
शमा	परवाना
शमित	ज्वलित
शंबर	अग्नि
शंभु	पार्वती
शम्य	अशम्य
शयन	जागरण

शब्द	विलोम
शरण	अशरण
शरणागत	शरणेतर
शरणार्थी	गैरशरणार्थी
शरद, शरदकाल	ग्रीष्म
शरमाऊ	बेशरम
शराफत	शरारत
शराब	शरबत
शराबोर	सूखा
शरारत	शराफत
शरीक	अलग
शरीफ	बदमाश
शरीर	आत्मा
शरीरशास्त्र	मनोविज्ञान
शरीरी	अशरीरी
शर्त	बेशर्त
शर्तिया	बाशक, बाशुबहा
शर्म	बेशर्म
शर्मदार	बेशर्म
शर्मिंदा	बेशर्म
शर्मीला	बेशर्म
शल्यकर्म	अशल्यकर्म
शल्यविज्ञान	औषधविज्ञान
शल्योपचार	औषधोपचार
शव	शरीर
शशधर, शशांक	दिनकर
शशिमुख	अशशिमुख
शशिशोषक	शशिपोषक
शस्त्र	अस्त्र
शस्त्रधारी	शस्त्रहीन
शस्त्रागार	कोषागार
शस्त्रीकरण	निरस्त्रीकरण
शस्य	फल
शहंशाह	रियाया
शह	मात
शहजादा	शहजादी
शहजोर	कमजोर
शहनाई	पिपही, बाँसुरी
शहर	गाँव, देहात
शहरी	देहाती, गँवार
शाकाहार	मांसाहार
शाखा	मुख्यालय
शागिर्द	उस्ताद
शादी	तलाक
शानदार	शर्मनाक
शांत	अशांत, उत्तेजित, उद्विग्न
शांति	अशांति
शाप	वरदान
शापित	वरप्राप्त
शाम	सुबह
शामिल	अलग
शायर	शायरा
शालीन	धृष्ट
शाश्वत	अनित्य
शासक	शासित
शासन	कुशासन
शासनिक	अशासनिक
शास्ति	पुरस्कार
शास्त्र	शास्त्रेतर
शास्त्रीय	अशास्त्रीय
शाहखर्च	कंजूस

शाही	आवाम
शिकस्त	फतह
शिकायत	बड़ाई
शिकार	शिकारी
शिक्षक	विद्यार्थी
शिक्षण	पठन
शिक्षिका	शिक्षक
शिक्षा	अशिक्षा
शिक्षित	अशिक्षित
शिरमौर	सामान्य
शिरा	धमनी
शिरोधार्य	अस्वीकार
शिला	मृत्तिका
शिलालेख	भित्तिलेख
शिलावृष्टि	जलवृष्टि
शिलान्यास	उद्घाटन
शिल्प	चित्रकला
शिल्पकार	चित्रकार
शिक्षालय	क्रीड़ालय
शिखर	आधार
शिख	पूँछ
शिति	अशिति
शिथिल	तीव्र, गतिशील
शिव	अशिव (अमंगल)
शिवरानी	शिव
शिष्ट	अशिष्ट
शिष्टाचार	अशिष्टाचार
शिष्य	गुरु
शीघ्र	विलंब
शीघ्रगतिक	विलंबगतिक

शीघ्रगामी	विलंबगामी
शीघ्रता	विलंब
शीत	उष्ण, ग्रीष्म
शीतकटिबंध	उष्णकटिबंध
शीतकाल	ग्रीष्मकाल
शीतल	उष्ण
शीर्ष	तल
शीर्षक	पादटिप्पणी
शीर्षबिंदु	आधारबिंदु
शील	दु:शील, धृष्टता
शीलता	धृष्टता, दु:शीलता
शीलवान	धृष्ट
शीश	पद
शीशमहल	झोंपड़ी
शुक्र, शुक्रिया	कुफ्र
शुक्ल	कृष्ण
शुक्ल पक्ष	कृष्ण पक्ष
शुचि	अशुचि
शुद्ध	अशुद्ध
शुबहा	एतमात, विश्वास
शुभ	अशुभ
शुभचिंतक	शत्रु
शुभंगी	कुभंगी
शुभाकांक्षी	अशुभाकांक्षी
शुभेच्छु	कुभेच्छु
शुभा	कुशुभा
शुभ्र	कृष्ण
शुद्धिपत्र	अशुद्धिपत्र
शुरुआत	आखिर

शुरुआती	आखिरी
शुरू	आखिर
शुल्क	नि:शुल्क
शुष्क	सरस, आर्द्रता
शुष्कहृदय	सहृदय
श्रुरुशा	अश्रुरुशा
शून्य	(आकाश) धरा
शून्यकाल	समाप्तिकाल
शूर	भीरु
शूरता	भीरुता
शूल	फल
शूल (पीड़ा)	सुख
शूलपाणि (महादेव)	पार्वती
शृंगाल	शेर
शृंखलित	विशृंखलित
शृंग	घाटी, आधार
शृंगी	मैदान
शेख	बेगम
शेखी	बेगरूर
शेर	गीदड़
शेशोक्त	पूर्वोक्त
शेरवानी	कुरता
शेष	पूरा
शेषधन	पूर्णधन
शेषधर	पार्वती
शेषशायी	लक्ष्मी
शेषांश	पूर्ण
शैतान	भगवान्
शैतानी	खुदाई
शैथिल्य	तीव्रता, तेजी
शैल	समतल

शैलकुमारी	शैलराज
शैलजा	कैलाशपति
शैलेंद्र	पहाड़ी
शैव	वैष्णव
शैवाल	जलज
शैशव	जवान
शोक	हर्ष
शोख	विनीत, सलज्ज
शोचनीय	अशोचनीय
शोधित	अशोधित
शोध्य	अशोध्य
शोभन	अशोभन
शोभनीय	अशोभनीय
शोभा	अशोभा, असुंदरता
शोभायमान	असुंदर
शोभित	अशोभित
शोर-शराबा	खामोशी
शोला	चिनगारी
शोषक	शोषित, पोषक
शोषित	पोषित
शोहदा	शरीफ
शोहरत	बदनामी
शौक	सादगी
शौकिया	पेशेवर
शौकीन	सादगीपसंद
शौच	अशौच
शौर्य	भीरुता (कायरता)
शौहर	बीवी
श्मशान	जन्मस्थान

श्याम	श्वेत, गौर	श्रीहीन	श्रीयुत
श्यामता	धवलता	श्रुत	अश्रुत
श्यामल	गोरा, धवल	श्रुतिकटु	श्रुतिमधुर
श्यामसुंदर	श्यामा	श्रुतिपथ	दृष्टिपथ
श्यामा	गौरी	श्रुतिमधुर	कर्णकटु
श्रद्धा	अश्रद्धा	श्रेणी	पंक्तिहीनता
श्रद्धांजलि	गाली	श्रेणीकरण	श्रेणीखंडन
श्रद्धादेव	श्रद्धा	श्रेणीबद्ध	श्रेणीहीन
श्रद्धालु	निंदक	श्रेय	कलंक
श्रद्धासिक्त	अश्रद्धापूर्ण	श्रेय	प्रेय
श्रम	अश्रम	श्रेयस्कर	अश्रेयस्
श्रमण	गृहस्थ	श्रेष्ठ	अधम
श्रवण	अक्ष	श्रेष्ठता	अधमता
श्रवणीय	अश्रवणीय	श्रेष्ठी	गणी
श्रवित	जमा	श्रोता	वक्ता
श्रव्य	दृश्य	श्लथ	चुस्त
श्राद्ध	जन्मोत्सव	श्लाघनीय	निंदनीय
श्रांत	अश्रांत	श्लाघा	निंदा
श्राप	वरदान	श्लाघ्य	अश्लाघ्य
श्रावण	अश्रावित	श्लिष्ट	अश्लिष्ट
श्राव्य	अश्राव्य	श्लील	अश्लील
श्री	विष्णु	श्लोक	निंदा
श्री	श्रीमती	श्वसित	मृत,
श्री	श्रीहीनता		श्वासविहीन
श्रीकांत	श्री	श्वसुर	जामाता
श्रीगणेश	इतिश्री	श्वास	नि:श्वास
श्रीधर	श्री	श्वेत	अश्वेत, श्याम
श्रीधाम	नर्क	श्वेतपत्र	विवरणपत्र
श्रीपति	श्री	श्वेतांग	श्यामांग
श्रीयुत	श्रीमती	श्वेतांशु	दिनेश

□

ष

देवनागरी वर्णमाला में व्यंजन का इकतीसवाँ वर्ण है। इसका उच्चारण स्थान मूर्धा है। इसलिए यह मूर्धन्य 'ष' कहलाता है।

षटक	एकांग
षट्रस	बेस्वाद
षट्राग	सलाह, मेल
षडानन	गजानन
षड्यंत्र	सुयोजना
षोडशी	वृद्धा
षट्कर्म	अकर्म
षट्पद	षट्पादिका, भ्रमरी
षष्ठ	प्रथम
षष्ठी	द्वादशी
षोडश शृंगार	शृंगारविहीनता
षठेविता	अष्ठेविता

स

देवनागरी वर्णमाला में ऊष्म वर्णों के वर्ग का तीसरा व्यंजन। यह वर्त्स्य (दंत्य), अघोष और संघर्षी है।

संयत	असंयत
संयम	असंयम
संयमी	असंयमी, व्यभिचारी
संयुक्त	असंयुक्त
संयोग	असंयोग
संयोग शृंगार	वियोग शृंगार, विप्रलंभ
संयोगिनी	वियोगिनी
संयोगी	वियोगी
संयोजन	वियोजन
संरक्षक	संरक्षिका
संरक्षण	अरक्षण
संलग्न	विसंलग्न
संवत्	ईसवी
संवरण	त्याग
संवादी	असंवादी
संवार	विवार
संवृत	विवृत, असंवृत
संवैधानिक	असंवैधानिक
संशय	असंशय
संशयी	नि:संशयी
संशोधित	असंशोधित
संश्लेषण	विश्लेषण
संसारी	असंसारी
संस्कारवान्	संस्कारहीन
संस्कृत	असंस्कृत
संहत	असंहत
सकर्म	अकर्म
सकर्मक क्रिया	अकर्मक क्रिया
सकाम	निष्काम
सकारण	अकारण
सकारात्मक	नकारात्मक
सकुचाना	बेधड़क
सकुशल	अकुशल
सक्रिय	अक्रिय, निष्क्रिय
सक्रियता	अक्रियता, निष्क्रियता
सक्रिय खाता	मृत खाता

सक्रिय बाजार	गतिरुद्ध बाजार
सक्रिय साझेदार	निष्क्रिय साझेदार
सक्षम	अक्षम
सखरा	निखरा
सखरी	निखरी
सखा	शत्रु
सख्त	नरम
सगर्व	गर्वहीन
सगा	पराया
सगुण	निर्गुण
सगुरा	निगुरा
सगोत्र	अगोत्र
संकल्प	विकल्प
संकलन	विलगन
संकलित	असंकलित
संकीर्ण	विस्तीर्ण
संकुचन	फैलाव
संकोच	असंकोच
संकोची	नि:संकोची
संक्रमण	असंक्रमता
संक्रामक	असंक्रामक
संक्षिप्त	विस्तृत
संक्षिप्तीकरण	विस्तारीकरण
संक्षेप	विस्तार
संख्यक	संख्याहीन
संग	कुसंग, बिछुड़न
संगत	असंगत, बेमेल
संगति	असंगति, विसंगति
संगम	विलगाव,

	बिछुड़न
संगीत	रुदन, चिल्लाहट
संगीन	आसान
संगृहीत	असंगृहीत
संग्रह	विग्रह, त्याग
संग्रहणी	कोष्ठबद्धता
संग्रहणीय	असंग्रहणीय
संग्रही	त्यागी
संघ	असंघ
संघटन	विघटन
संघठित	विघटित
संघर्ष	मेल, संधि
संघर्षरत	संधि, शांत
सच	झूठ
सचमुच	झूठमूठ
सचराचर	अचराचर
सचित्र	चित्रहीन
सचेत	अचेत, बेसुध, बेखबर, गाफिल
सचेष्ट	अचेष्ट, निश्चेष्ट
सच्चरित्र	दुश्चरित्र
सच्चा	झूठा
सजग	असावधान
सजनी	सजना
सजल	निर्जल
सजा	इनाम
सजातीय	विजातीय
सजाना	बिगाड़ना

सजिल्द	अजिल्द
सजीला	असुंदर, असजीला
सजीव	निर्जीव
सजीवता	निर्जीवता
सज्जन	दुर्जन, षठ, खल
सज्जा	असज्जा
सज्ञान	अज्ञान, अज्ञानी
संचय	व्यय
संचार	ठहराव
संचारिका	संचारक
संचारी	असंचारी
संचालक	संचालिका
संचित	वितरित
संजीवन	दु:जीवन
संज्ञावान	संज्ञाहीन
संज्ञाहीन	संज्ञापूर्ण
सटना	हटना
सटा	हटा
सटीक	अनुपयुक्त
सड़न	ताजगी
सड़ाँध	सुगंध
सड़ियल	ताजा
सतर्क	असतर्क
सतर्कता	असतर्कता
सतह	गहराई
सतही	गहरा, गहरी
सताना	पुचकारना
सतीत्व	कुलटा
सतृष्ण	अतृष्ण
सतेज	निश्तेज
सतोगुण	रजोगुण
सत्कर्म	अपकर्म, कुकर्म, दुष्कर्म
सत्कर्मी	कुकर्मी, दुष्कर्मी
सत्कार	तिरस्कार
सत्कार्य	दुष्कार्य
सत्कीर्ति	अपकीर्ति
सत्कुल	निम्न
सत्कृत	निरादृत
सत्कृति	अपकृति
सत्ता	सत्ताविहीन
सत्पात्र	कुपात्र
सत्य	असत्य
सत्यवादी	असत्यवादी
सत्यवादिनी	असत्यवादिनी
सत्यशील	असत्यशील
सत्याग्रह	दुराग्रह
सत्यानाश	सुरक्षा, रक्षा
सत्येतर	सत्य
सत्संग	कुसंग
सदन	निर्जन
सदमा	खुशी
सदय	निर्दय
सदा	कभी-कभी
सदाचरण	दुराचरण
सदाचार	अनाचार, दुराचार
सदाचारी	अनाचारी, दुराचारी
सदाबहार	पतझड़

सदाशय	दुराशय
सदाशयी	कदाशयी
सदासुहागिन	बालविधवा
सदुपयोग	दुरुपयोग
सदोष	निर्दोष
सद्गति	दुर्गति
सद्गुण	दुर्गुण
सद्बुद्धि	दुर्बुद्धि
सद्भाव	दुर्भाव
सद्भावना	दुर्भावना
सद्व्यवहार	दुर्व्यवहार
सधन	निर्धन
सधन्यवाद	धन्यवादरहित
सधर्मी	विधर्मी
सधवा	विधवा
सनकी	सामान्य
सनातन	अस्थायी
सनातनी	असनातनी
सनाथ	अनाथ
संतत	असंतत
संतप्त	संमत
संतान	निःसंतान
संताप	शीतलता
संतुलन	असंतुलन
संतुष्ट	असंतुष्ट
संतुष्टि	असंतुष्टि
संतोष	असंतोष
संतोषजनक	असंतोषजनक
संतोषी	असंतोषी
संदिग्ध	असंदिग्ध
संदेह	विश्वास

संदेहात्मक	विश्वसनीय
संधि	विग्रह
सन्निकट	सुदूर
सन्निपात	उत्थान, चढ़ना
सन्निविष्ट	विनिविष्ट
सन्निवेश	विनिवेश
सन्निहित	असन्निहित
सन्यासी	गृहस्थ
सन्मार्ग	कुमार्ग, अपमार्ग
सपक्ष	विपक्ष
सपाट	विषम
सपूत	कपूत
सफर	ठहरा
सफरी	गैरसफरी
सफल	असफल, विफल, निष्फल
सफलता	असफलता, विफलता
सफाई	गंदगी
सफेद	रंगीन
सबब	बेसबब
सबल	दुर्बल, निर्बल
सबाध	निर्बाध
सब्र	बेसब्री, बेसब्र
सभय	निर्भय
सभापति	सभासद
सभ्य	असभ्य, उजड्ड, बर्बर
सम	विषम, असम
समकालीन	विसमकालीन
समक्ष	परोक्ष

समग्र	कतिपय, अधूरा
समजातता	समवृत्तिता
समझदार	बेसमझ, नासमझ, नादान
समझौता	बिगाड़, विग्रह
समंजित	असमंजित
समतल	असमतल, खुरदरा
समता	असमता, विषमता
समन्वय	बेमेल
समय	असमय, कुसमय
समयानुकूल	समयप्रतिकूल
समयाभाव	समयाधिक्य
समयोचित	समयविरुद्ध
समरूप	असमरूप
समर्थ	असमर्थ
समर्थक	विरोधी
समर्थता	असमर्थता
समर्थन	विरोध, खिलाफत
समर्थित	असमर्थित
समर्पण	विरोध
समर्पित	असमर्पित
समवेत	विलग
समवृत्तिता	समजातता
समष्टि	व्यष्टि
समसंख्या	विषमसंख्या
समस्त	कतिपय
समस्या	समाधान
समाकुल	निश्चित
समागत	व्यतीत
समागम	विलगाव
समांग	विषमांग
समाचार	असूचना
समाज	व्यक्ति
समाजद्रोही	समाजहितकारी
समादृत	निरादृत
समादेश	अनुरोध
समाधान	समस्या
समाधि	योगारंभ
समाधिस्थ	असमाधिस्थ
समान	असमान
समानता	असमानता
समानार्थक	विरोधार्थक
समाप्त	असमाप्त, व्यास
समालोचना	अविवेचना
समाविष्ट	अव्याप्त, अगृहीत
समावेश	निष्कासन
समाश्रय	निराश्रय
समास	व्यास
समासीन	उत्थित
समाहार	बिछुड़न
समाहित	वितरित
समिति	सदस्य
समीकरण	विसमीकरण
समीकृत	विसमीकृत
समीक्षक	लेखक, रचनाकर
समीक्षा	लेख, रचना

समीप	दूर
समीपवर्ती	दूरवर्ती
समीचीन	असमीचीन
समीपस्थित	दूरस्थित
समुंदर	नदी
समुदाय	व्यक्ति
समूचा	अंश, कुछ
समूल	निर्मूल
समृद्धि	विनाश
संपद्	विपद्
संपन्न	विपन्न
संपन्नता	विपन्नता
संपादन	लेखन
संपूर्ण	अपूर्ण
संपृक्त	असंपृक्त
संप्रदाय	समाज
संप्राप्त	अप्राप्त
संप्रेषण	ग्रहण
संबद्ध	असंबद्ध
संबुद्ध	अबुद्ध
संबंध	अलगाव
संभव	असंभव
संभावना	असंभावना
संभावित	असंभावित
संभाव्य	असंभाव्य
संभाषण	असंभाषण
संभीत	निडर, निर्भय
संभोग	संयम
संभ्रम	निर्भ्रम
संभ्रांत	अप्रतिष्ठित
सम्मत	असम्मत

सम्मति	असम्मति
सम्मान	अपमान, अवमान
सम्मानीय	असम्मानीय
सम्मिलन	विलगन, विलगाव
सम्मिश्रण	अलगाव
सम्मुख	विमुख, प्रतिकूल
सम्मोहक	अमोहक
सम्मोहित	असम्मोहित, अमुग्ध
सम्यक्	एकल, अनुपयुक्त
सम्राज्ञी	सम्राट्
सयत्न	यत्नहीन
सयन	जागरण
सयाना	नादान
सर	पैर
सरकार	जनता
सरकार (मालिक)	दास, नौकर
सरकारी	गैरसरकारी
सरमाया	गैरसरमाया
सरल	वक्र, कठिन, कुटिल
सरस	नीरस, शुष्क
सरहद	क्षेत्र
सरासर	अधूरा
सरिता	तालाब
सरोकार	बेसरोकार
सरोवर	सरिता

सर्पिल	सीधा	सलीका	बदतमीज
सर्व	खंड, अंश	सलूक	बदसलूक
सर्वतः	अंशतः	सवर्ण	असवर्ण
सर्वतोभाव	सीमितभाव	सवर्ण विवाह	असवर्ण विवाह,
सर्वत्यागी	सर्वभोगी		अंतरजातीय
सर्वत्र	कहीं-कहीं		विवाह
सर्वथा	अधूरा	सवाल	जवाब
सर्वदर्शिता	अदर्शिता	सवार	पैदल
सर्वदल	एकदल	सविकल्प	निर्विकल्प
सर्वदा	यदाकदा	सविकार	निर्विकार
सर्वप्रिय	अप्रिय	सविता	चंद्र
सर्वभोगी	योगी	सविनय	अविनय
सर्वमान्य	अमान्य	सविशेष	निर्विशेष
सर्वविदित	अविदित	सवेतन	अवेतन,
सर्वव्यापी	निर्व्यापी		वेतनहीन
सर्वशक्तिमान	अशक्त	सवेरा	संध्या
सर्वश्रेष्ठ	अधम, निकृष्ट	सशक्त	अशक्त
सर्वसुलभ	दुर्लभ	सशंक	अशंक, नि:शंक
सर्वांग	एकांग	सशर्त	बेशर्त
सर्वांगीण	अपूर्ण	सशस्त्र	निरस्त्र
सर्वांश	अपूर्ण	सशुल्क	नि:शुल्क
सर्वाधिकार	खंडाधिकार	ससीम	असीम,
सर्वेश	प्राणी, सृष्टि		निस्सीम
सर्वेसर्वा	नौकर, गुलाम	ससम्मान	असम्मान
सर्वोत्तम	अधम	ससुराल	नैहर
सर्वोपयोगी	अनुपयोगी	सस्ता	महँगा
सर्वोपरि	निकृष्ट	सस्ती	महँगी
सलज्ज	निर्लज्ज	सहकर्मी	भिन्नकर्मी
सलाम	गाली	सहकार	असहकार
सलाह	बदसलाह	सहकारी	विघटनकारी
सलिल	तालाब	सहचर	भिन्नचर

सहज	कठिन	सही	गलत
सहजता	असहजता,	सहूलियत	दिक्कत
	कठिन	सहृदय	हृदयहीन
सहजबुद्धि	लब्धबुद्धि	सहेजना	बिखेरना
सहज मित्र	सहज शत्रु	सहोदर	सौतेला
सहजात	विजात	सह्य	असह्य
सहधर्मिणी	सहधर्मी	सँकरा	चौड़ा
सहनशील	असहनशील	सँभाल	बिगाड़
सहनशीलता	असहनशीलता	सांसारिक	पारलौकिक
सहनीय	असहनीय	साकार	निराकार
सहभागिता	असहयोग	साक्षर	निरक्षर
सहभोज	व्यष्टिभोज	साक्षरता	निरक्षरता
सहमत	असहमत	साक्षात्	परोक्ष
सहमति	असहमति	सागर	सरिता
सहयोग	असहयोग,	साग्रह	निराग्रह
	विरोध	साजन	सजनी
सहयोगी	प्रतियोगी	साझा	अलग
सहर	शाम	साथ	अलग
सहवासी	सहवासिनी	सादगी	भड़कीलापन
सहशिक्षा	एकलशिक्षा	सादृश्य	अंतर
सहस्रलोचन	इंद्राणी	साधक	भोगी
सहँगा	महँगा	साधना	कुसाधना
सहानुभूति	असहानुभूति	साधार	निराधार
सहाय	असहाय	साधारण	असाधारण,
सहायक	विरोधी		विशेष,
सहायता	असहयोग		विलक्षण
सहारा	निराश्रय	साधिका	साधक
सहिक	नहिक	साधित	असाधित
सहित	रहित, विहीन	साधु	असाधु
सहिष्णु	असहिष्णु	साधुता	असाधुता
सहिष्णुता	असहिष्णुता	साध्य	असाध्य

साध्वी	असाध्वी
सांत्वना	डराना
सानंद	दुखी
सान्निध्य	सुदूरता, दूरी
सापेक्ष	निरपेक्ष
साप्ताहिक	दैनिक
साफ	गंदा, मैला
साबुत	टूटा, टूटा-फूटा
सामंजस्य	असामंजस्य
सामना	पिछवाड़ा
सामयिक	असामयिक
सामरिक	असामरिक
सामर्थ्य	असामर्थ्य
सामाजिक	असामाजिक
सामान्य	विशेष, असामान्य, विशिष्ट
सामान्यतः	विशेषतः
सामिष	निरामिष
सामीप्य	दूरी
सांप्रदायिक	असांप्रदायिक
साम्यवाद	पूँजीवाद
सारंग	कुरूप, नीरस
सायन	निरयन
सार	निःसार
सारगर्भित	सारहीन
सारथी	विरथी
सारयुक्त	निस्सार, थोथा
सारांश	मूलरूप, पूर्ण
सारा	थोड़ा, आंशिक
सार्थक	निरर्थक

सार्वजनिक	वैयक्तिक, निजी
सार्वजनिक क्षेत्र	निजी क्षेत्र
सालाना	मासिक
सावद्य	निरवद्य
सावधान	असावधान
साहचर्य	विलगाव
साहसिक	असाहसिक
साहस	दुस्साहस
साहसी	दुस्साहसी, साहसहीन, भीरु
साहित्य	राहित्य
साहिल	धारा
साहूकार	कर्जदार
साहूकारी	कर्जखोरी
साँवला	गोरा
साँसत	पुरस्कार
सिंह	सिंहनी
सिंहासन	आसन, कुरसी
सिकुड़ना	फैलना
सिकोड़ना	फैलाना
सिंचन	असिंचन
सित	असित, काला
सितारा	चाँद
सिद्ध	असिद्ध
सिद्धहस्त	अकुशल
सिद्धांत	सिद्धांतहीनता
सिद्धांती	सिद्धांतविहीन
सिद्धि	असिद्धि
सिंचाई	सूखा
सिफारिश	शिकायत

सिक्का	नोट
सिक्त	असिक्त, सूखा
सिखलाना	भुलाना
सिरमौर	पदत्राण
सिरा	मध्य
सिलसिला	बेसिलसिला
सिसकना	मुसकाना
सिसकी	मुसकान
सिहरन	स्थिरन, अकंपन
सिहरना	स्थिरता, थिरना
सीता	राम
सीत्कार	चीत्कार
सीढ़ी	ढलान
सीमा	क्षेत्र
सीमांत	सीमारंभ
सीधा	उलटा, टेढ़ा
सीला	सूखा
सीमित	असीमित
सुकर	दुष्कर
सुकर्म	दुष्कर्म
सुकर्ता	अपकर्ता
सुकाल	दुष्काल, अकाल
सुकीर्ति	अपकीर्ति
सुकृति	दुष्कृति
सुकृत्य	कुकृत्य, दुष्कृत
सुख	दुःख
सुखकर	दुखकर, कष्टकर
सुखकारी	दुखदायी
सुखद	दुखद

सुखांत	दुखांत
सुखित	दुखित
सुखिया	दुखिया
सुखी	दुखी
सुख्यात	कुख्यात
सुगंध	दुर्गंध
सुगति	दुर्गति, फजीहत
सुगम	दुर्गम
सुचेल	कुचेल
सुचैल	कुचैल
सुजेय	दुर्जेय
सुजोग	कुजोग
सुझाव	असुझाव
सुडौल	बेडौल
सुढंग	कुढंग, बेढंग
सुतली	रस्सी
सुदिन	दुर्दिन
सुदूर	पास, निकट
सुदृष्टि	कुदृष्टि
सुधबुध	निश्चेतना
सुधा	विष, हलाहल
सुधार्य	असुधार्य
सुनवाई	अनसुनी
सुनार	लोहार
सुनाम	दुर्नाम
सुनी	अनसुनी
सुंदर	असुंदर, कुरूप, भद्दा, भोंड़ा
सुंदरता	कुरूपता
सुंदरी	कुरूपा
सुपत	अपत

सुपथ	कुपथ
सुपरिणाम	दुष्परिणाम
सुपाच्य	कुपाच्य
सुपात्र	कुपात्र
सुपुत्र	कुपुत्र
सुपूत	कुपूत
सुप्त	जाग्रत्
सुप्रबंध	कुप्रबंध
सुप्रयोग	कुप्रयोग
सुफल	कुफल
सुफेर	कुफेर
सुबुद्धि	दुर्बुद्धि
सुबोध	दुर्बोध
सुभाषित	कुभाषित
सुमति	कुमति
सुमार्ग	कुमार्ग
सुमार्गी	कुमार्गी
सुमुख	कुरूप
सुयंत्रित	कुयंत्रित
सुयश	अपयश
सुर	असुर
सुरक्षा	असुरक्षा
सुरधाम	नरक
सुरधामी	जीवित
सुरभि	दुर्गंध
सुरम्य	असुंदर
सुरलोक	नरलोक, इहलोक
सुरा	सुधा
सुरीति	कुरीति
सुरुचि	अरुचि
सुर्मुख	दुर्मुख
सुलक्षण	कुलक्षण
सुलगना	बुझना
सुलझन	उलझन
सुलझना	उलझना
सुलझाना	उलझाना
सुलझाव	उलझाव
सुलभ	दुर्लभ
सुलभ मुद्रा	दुर्लभ मुद्रा
सुवाचा	कुवाचा
सुवास	दुर्वास, दुर्गंध
सुवासिनी	विधवा
सुविचार	कुविचार
सुविज्ञ	अनभिज्ञ
सुविधा	असुविधा
सुविधाजनक	असुविधाजनक, कष्टकर, दिक्कततलब
सुव्यवस्था	अव्यवस्था, कुव्यवस्था, गड़बड़ी
सुशील	दुःशील
सुशोभित	अशोभित
सुषमा	असुंदरता
सुषुप्ति	जागरण
सुष्ट	दुष्ट
सुसंवाद	कुसंवाद
सुसंस्कार	कुसंस्कार
सुसंगति	कुसंगति
सुसंस्कार	अपसंस्कार
सुसमय	कुसमय

सुसाध्य	दु:साध्य	सोध (महल)	झोंपड़ी
सुस्त	तेज	सोना	जागना
सुस्वर	कर्कशस्वर	सोपान	सहन
सुस्वामी	कुस्वामी, कुसेवक	सौजन्य	दुर्जनता
सुहाना	अशोभन	सौतेला	सहोदर
सुहावना	डरावना	सौदागरी	खरीदारी
सूक्ष्म	विशाल, स्थूल	सौभाग्य	दुर्भाग्य
सूक्ष्म तरंग	दीर्घ तरंग	सौमनस्य	वैमनस्य
सूक्ष्मता	स्थूलता	सौम्य	असौम्य, उग्र
सूखा	गीला	सौवर्ण	रूपहला
सूचक	असूचक	सौहार्द	दुश्मन, शत्रु
सूरदास	दृष्टिवंत	स्कंद	(विनाश) निर्माण
सूरमा	कायर	स्कंध	कटि
सूरी (विदुषी)	मूर्खा	स्कंभ	(ईश्वर) जीव
सूर्योपासना	चंद्रोपासना	स्खलन	स्तंभन
सूली	प्राणदान	स्खलित	अस्खलित
सृजन	नाश	स्तब्ध	अस्तब्ध
सृष्टि	प्रलय	स्तब्धता	तीव्रता, गतिशीलता
सृष्टिकर्ता	विनाशकर्ता, प्रलयंकर	स्तर	स्तरहीनता
सेवित	असेवित	स्तुत	निंदित
सेश्वर	निरीश्वर	स्तुति	निंदा
सेहत	बदसेहत	स्तुत्य	निंद्य
सैद्धांतिक	असैद्धांतिक	स्तूप	गड्ढा
सैर	आराम	स्त्री	पुरुष
सैलानी	आरामतलब	स्त्रीत्व	पुरुषत्व
सोच	असोच	स्थगित	आरंभ
सोच-विचारकर	बिना सोचे-समझे	स्थल	जल
		स्थलचर	जलचर

शब्द	विलोम	शब्द	विलोम
स्थानाभाव	स्थान उपलब्धता	स्मरण	विस्मरण
		स्मरणीय	विस्मरणीय
स्थानीय	बाह्य, बाहरी	स्मारक	विस्मारक
स्थापन	विस्थापन	स्मित	उदास
स्थायित्व	अस्थायित्व	स्याह	सफेद
स्थायी	अस्थायी, स्थानापन्न	स्वकीय	परकीय
		स्वकीया	परकीया
स्थावर	जंगम/अस्थावर	स्वगत	प्रकट
स्थिति	दु:स्थिति	स्वच्छ	अस्वच्छ
स्थितिशील	गतिशील	स्वच्छता	अस्वच्छता
स्थिर	अस्थिर	स्वच्छंद	नियंत्रित
स्थिरता	चंचलता	स्वजन	परजन
स्थिरबुद्धि	चंचलबुद्धि	स्वजाति	विजातीय
स्थूल	सूक्ष्म	स्वतंत्र	परतंत्र
स्थूलता	दुबलापन	स्वतंत्रता	परतंत्रता
स्थैर्य	अस्थैर्य	स्वता	परता
स्निग्ध	अस्निग्ध	स्वदेश	परदेश, विदेश
स्निग्धता	स्नेहविहीनता	स्वदेशी	परदेशी, विदेशी
स्नेह	अस्नेह, निष्ठुरता	स्वधर्म	परधर्म, विधर्म
		स्वपीड़न-रति	परपीड़न-रति
स्नेहिल	अस्नेहिल	स्वप्न	जागरण
स्नेही	द्रोही	स्वप्निल	अस्वप्निल
स्पंदन	अकंपन	स्वभाव	कुस्वभाव
स्पर्धा	सहयोग	स्वभाषाभाषी	परभाषाभाषी
स्पर्श	अस्पर्श	स्वरति	परनिष्ठरति
स्पष्ट	अस्पष्ट	स्वरवान्	स्वरहीन
स्पष्टता	अस्पष्टता	स्वरूप	विरूप
स्पृश्य	अस्पृश्य	स्वर्ग	नरक, पाताल
स्पृहा	निष्कामना	स्वर्गीय	नारकीय
स्फीति	न्यूनन	स्वर्ण	रजत, रूपा
स्फुट	अस्फुट	स्वर्णयुग	पाषाणयुग

शब्द	विलोम
स्वल्प	अत्यधिक
स्वल्पायु	चिरायु
स्ववश	परवश
स्ववशता	परवशता
स्वस्थ	अस्वस्थ, रुग्ण, बीमार
स्वस्थता	अस्वस्थता
स्वस्थ मृदा	रुग्ण मृदा
स्वागत	तिरस्कार
स्वाँग	असल, प्रकृत
स्वाग्रह	दुराग्रह
स्वाद	बेस्वाद
स्वादिष्ट	स्वादहीन, नि:स्वाद, बेमजा
स्वाधिकार	परतंत्रता
स्वाधीन	पराधीन
स्वाधीनता	पराधीनता
स्वाध्याय	अध्ययनहीनता
स्वाभाविक	अस्वाभाविक
स्वाभिमान	हीनभाव
स्वामित्व	दासत्व
स्वामिनी	दासत्व
स्वामी	दास, भृत्य, सेवक

शब्द	विलोम
स्वार्थ	परमार्थ
स्वार्थत्याग	स्वार्थप्राप्ति
स्वार्थपरायण	उदार
स्वार्थी	परार्थी
स्वावलंबन	परावलंबन
स्वावलंबी	परावलंबी
स्वाश्रय	पराश्रय
स्वाश्रित	पराश्रित
स्वास्थ्यकर	अस्वास्थ्यकर
स्वीकरण	अस्वीकरण
स्वीकार	अस्वीकार
स्वीकारात्मक	अस्वीकारात्मक, खंडनात्मक, विरोधात्मक
स्वीकार्य	अस्वीकार्य
स्वीकृत	अस्वीकृत
स्वीकार करना	अस्वीकार करना
स्वीकृति	अस्वीकृति
स्वेच्छाचारी	मान्याचारी
स्वेदकण	रक्तकण
स्वेदन	रक्तश्राव
स्वैर	संयत

□

ह

देवनागरी वर्णमाला में 'ऊष्म वर्णों' के वर्ग का चौथा व्यंजन और देवनागरी वर्णमाला का अंतिम व्यंजन। यह कंठ्य, घोष, संघर्षी और ऊष्म है। इसका अघोष रूप ही 'विसर्ग' ध्वनि है। अल्पप्राण व्यंजनों में 'ह' ध्वनि जुड़ने से ही वे 'महाप्राण' व्यंजन में बदलते हैं (क+ह=ख, ग+ह=घ)।

हंस	हंसिनी	हताहत	सुरक्षित
हक	झूठ, अनुचित	हतोत्साह	उत्साहित
हकीकत	फसाना	हत्यारा	रक्षक
हकीम	बीमार, मरीज	हथकड़ी	बेड़ी
हंगामा	शांति	हथनी, हथिनी	हाथी
हजम	बेहजम	हथियारबंद	निहत्था
हजार	सौ	हथेली	तलवा
हठी	अहठी	हथौड़ा	हथौड़ी
हड़कंप	शांति	हनन	अहिंसा
हड्डी	मांस	हद	बेहद
हत	अहत	हफ्ता	दिन
हतदर्प	सदर्प	हबीब	दुश्मन
हतप्रभ	प्रभावान	हमदर्द	बेदर्द
हतबुद्धि	बुद्धिमान्	हमारा	तुम्हारा
हतभागा	भाग्यशाली	हमें	तुम्हें
हतभाग्य	सौभाग्य	हमेशा	यदाकदा
हताश	आशावान	हयमेध	गोमेध

हयशाला	गोशाला	हस्तांतरण	अहस्तांतरण
हया	बेहया	हस्ताक्षर	मुद्रण
हरजाई	भला	हस्तिनी	हस्ती
हरफनमौला	निकम्मा	हहरना	निडरना
हराम	हलाल	हाकिम	जनता
हरारत	ठंडक	हाजिर	गैरहाजिर
हरिजन	दुर्जन	हाजिरी	गैरहाजिरी
हरीतिमा	सूखा	हाड़	मांस
हर्फ	लफ्ज	हाथफूल	पैजनी
हर्ष	विषाद	हाथापाई	मेलमिलाप
हलका	भारी	हाथी	हथिनी
हलका-फुलका	भारी-भरकम	हानि	लाभ
हलचल	शांति	हार	जीत
हलाहल	अमृत	हारित	जयी, विजयी
हलाक	जिंदा	हार्दिक	अहार्दिक
हलाकू	रक्षक	हार्दिकता	अहार्दिकता
हलाल	हराम	हाल	बेहाल
हँसना	रोना	हालत	बदहालत
हँसुली	हार	हाशिया	बीच
हँसोड़	क्रोधी	हास	रुदन
हवस	नाहवस	हासिल	नुकसान
हवाई	जमीनी	हास्यास्पद	प्रशंसनीय
हवादार	बेहवादार	हाँफना	सुस्ताना
हवास	बेहवासी	हिंसक	अहिंसक
हवेली	कुटिया	हिंसा	अहिंसा
हसरत	बदहसरत	हिंडोला	पलंग
हसित	अहसित	हिचक	बेहिचक
हसीन	बदसूरत	हिजड़ा	पुंसक
हस्त	पद	हित	अहित
हस्तक्षेप	अहस्तक्षेप	हितकर	अहितकर
हस्तगत	अहस्तगत	हितकारी	अहितकारी

हितचिंतक	अहितचिंतक	हृदयंगम	विस्मृत
हितैषी	शत्रु	हृदय	मन
हिमकर	दिनकर	हृदयग्राही	हृदयविदारक
हिमपात	अग्निपात	हेमंत	शिशिर
हिमांशु	सूर्य	हेरफेर	सीधा-सादा
हिम्मत	डर	हैदर	गीदड़
हिरण्य	रूपा, चाँदी	हैवान	इनसान
हिरण्यकार	लुहार	हैवानियत	इनसानियत
हिसाब	बेहिसाब	हैसियत	बेहैसियत
हीनता	बड़प्पन	होड़	बेहोड़
हीयमान	वर्धमान	होनहार	असंभव
हीरा	पत्थर	होनी	अनहोनी
हुज्जत	सलाह	होरिल	बूढ़ा
हुजूम	एकांत	होली	दीवाली
हुड़दंग	शांति	होश	बेहोश
हुनर	बेहुनरी	होशियार	बेवकूफ
हुलस	विषाद	हौज	गड्ढा
हुलसित	दु:खित	हौले	जल्दी
हुलास	दु:ख	हौसला	बुजदिली
हुल्लड़	शांति	ह्रस्व	दीर्घ
हूक	सुख	ह्रास	वृद्धि

□

विलोम शब्दों पर आधारित पदबंध

अ

अकेले-दुकेले
अथ से इति तक
अपना-पराया
अपना-बिराना
अपनी उतरी, दूसरे की उतारते क्या देर
अब-तब करना
अब-तब होना
अमीर-गरीब

आ

आगा-पीछा करना
आगा-पीछा देखना
आगा-पीछा विचारना
आगा-पीछा सोचना
आगे-पीछे चलना
आगे-पीछे न होना
आगे-पीछे रहना
आता-जाता कुछ नहीं
आते-जाते देखना
आया-गया

इ

इधर-उधर करना
इधर-उधर की बात
इधर-उधर की हाँकना
इधर-उधर फिरना
इधर-उधर में रहना
इधर-उधर रहना
इधर-उधर से
इधर-उधर होना
इधर का उधर होना
इधर का होना न उधर का
इधर की उधर करना
इधर की दुनिया उधर करना
इधर कुआँ उधर खाई
इधर से उधर करना
इस पार या उस पार

उ

उठ-बैठ होना
उठते-बैठते
उठना-बैठना होना
उठा छोड़ना

उठा धराई
उठा-पटक
उठा-बैठी
उठा रखना
उठाना-धरना
उलटी-सीधी सुनना
उलटी-सीधी सुनवाना
उलझना-सुलझना
उलझा-सुलझा

ऊ

ऊँच-नीच होना
ऊँचा-नीचा होना
ऊँचे-नीचे में पाँव पड़ना
ऊपर तले के होना
ऊपर-नीचे करना

ए

एड़ी-चोटी एक करना
एड़ी-चोटी का जोर लगाना
एड़ी से चोटी तक आग लगना
एड़ी से चोटी तक जलना

ऐ

ऐसी-तैसी करना
ऐसा-वैसा करना
ऐसा-वैसा समझना
ऐसा-वैसा होना
ऐसी-वैसी बात करना

ओ

ओढ़ना-बिछौना बनाना
ओढ़ना-बिछौना बाँधना
ओढ़ना-बिछौना समेटना
ओढ़ना या बिछाना

क

कच्चा-पक्का
करना या मरना
करो या मरो
कह-सुनकर
कहने-सुनने के लिए
कहने-सुनने में आना
कहा-सुनी होना
कुछ-एक
कुछ ऐसा-वैसा

ख

खट्टा-मीठा
खट्टा-मीठा जी होना
खट्टी-मीठी बातें सुनना
खट्टे-मीठे दिन
खरा-खोटा परखना
खरा-खोटा होना
खरी-खोटी सुनना
खाना-पीना
खेल-कूद करना

ग

गरम-सर्द उठाना
गरम-सर्द देखना

ग़रमी-सर्दी सहना
गरम-सर्द सहना

च

चला-चली
चला-चली की बेला
चार दिन की चाँदनी, फिर अँधेरी रात
चित-पट करना
चित भी मेरी पट भी मेरी
चित या पट

छ

छीना-झपटी
छोटा-बड़ा
छोटा मुँह बड़ी बात

ज

जब तक साँस तब तक आस
जब देखो तब
जबानी जमा खर्च
जल में मगर थल में बाघ
जहाँ फूल वहाँ काँटा
जाना-आना
जाए या रहे
जीत या हार
जैसा राजा वैसी प्रजा

झ

झूठ-सच कहना
झोंपड़ी में रहकर महलों के ख्वाब देखना

ट

टेढ़ा-मेढ़ा
टेढ़ी-सीधी सुनाना

ठ

ठहरना

त

तंत्र-मंत्र
तले ऊपर करना
तले ऊपर के
तले ऊपर होना
तले की साँस तले और ऊपर की ऊपर रह जाना
तिल का ताड़ बनाना

थ

थूक कर चाटना
थोड़ा कम या बढ़ती

द

दायें-बायें कर देना
दायें-बायें होकर निकल जाना
दाहिना-बायाँ जानना
दाहिने-बायें छींक होना
दाहिने-बायें दोनों ओर चलना
दिन-रात
दुःख भोगे बिना सुख नहीं मिलता
दुःख-सुख का साथ
दुःख-सुख

दुःख-सुख लगा रहना
देख-सुनकर
दो-चार होना

ध

धड़ से सिर अलग करना
धरती-आकाश एक करना
धरती-आसमान का अंतर होना
धक्का-मुक्की

न

न इधर न उधर
न इनमें न उनमें
न कहीं आना न कहीं जाना
न किसी के लेने में न किसी के देने में
न कोई तुक न तर्क
न यहाँ न वहाँ
न कभी इधर न कभी उधर
नफा हो या नुकसान
नया-नौ दिन पुराना सौ दिन
नरम-गरम होना
नेकी-बदी
नौ नकद न तेरह उधार

प

पास हो या फेल

ब

बचे या जाए
बड़े मियाँ तो बड़े मियाँ, छोटे मियाँ सुभान अल्लाह
बदनामी या नेकनामी
बनाओ या बिगाड़ो
बहुत कुछ
बुरा-भला
बैठते-उठते

भ

भय और प्रेम एक जगह नहीं रहते
भला-बुरा कहना
भला-बुरा समझना
भला-बुरा सुनाना
भला-बुरा सूझना
भूल-भुलैया

म

मरना-जीना
मरें या जीएँ
मरेंगे या जीएँगे
महल और झोंपड़ी का साथ न होना
माँ-बाप का साथ होना
मान-अपमान सहना
मारो या उबारो
मेरा-तेरा
मोल-भाव

य

यदा-यदा
यह दुनिया आनी-जानी है

र

रात-दिन

रात-दिन एक करना
रात-दिन का अंतर
रात-दिन का रोना
रात-दिन बराबर होना
राधा-कृष्ण
राम-श्याम
रोजी-रोटी
रोना-धोना

ल

लगाई-बुझाई
लाल-पीला होना
लेन-देन न होना
लेना एक न देना दो
लेना-देना
लेने के देने पड़ना
लेने-देने में न होना

व

वहाँ की यहाँ, यहाँ की वहाँ
वहाँ की यहाँ, यहाँ की वहाँ करना
विषाद और हर्ष से दूर होना

श

शत्रु-मित्र

स

समष्टि और व्यष्टि
सारा जाता देखिए आधा लीजे बाँट
सिर-पैर न होना
सिर पर पैर रखकर भागना
सीधा-टेढ़ा
सुनी-अनसुनी करना
सुबह का भूला शाम को घर आ जाना
सुबह-शाम करना
सोते-जागते
स्याह-सफेद करना
स्याह करो या सफेद

ह

हँसना-रोना
हँसी-खेल
हलका-भारी करना

□

पर्यायवाची शब्द

अकथनीय—अकथ, अकथ्य, अकह, अनिर्वचनीय, अवर्णनीय, अवाच्य।

अकारण—अनायास, नाहक, बेकार, बेबात, बेमतलब, बेवजह, बेसबब।

अखंड—अक्षय, अक्षर, अक्षुण्ण, अखंडित, अभंग, अभग्न, अविच्छिन्न, अविभक्त, अविभाजित, पूरा, पूर्ण, सकल, संपूर्ण।

अखंडता—अक्षयत्व, अक्षरत्व, अक्षुण्णता, अभंगता, अविभक्तता, अविच्छिन्नता, पूर्णता, सकलता, संपूर्णता।

अगणित—अनगिनत, अनंत, अपार, असंख्य, असीम, बेशुमार, बेहद, संख्यातीत।

अगस्त्य—अगस्त, अगस्ति, कुंभज, कुंभजात, कुंभसंभव, घटज, घटयोनि, घटसंभव, घटोद्भव।

अग्नि—अनल, आग, आगी, कृशानु, जातवेद, धूमध्वज, पावक, वैश्वानर, हुताशन।

अंकित—उल्लिखित, खचित, चित्रित, चिह्नित, दर्ज, रचित, लिखित, लिपिबद्ध, वर्णित।

अंकुर—अँखुआ, कल्ला, कोंपल, प्ररोह।

अचानक—अकस्मात्, अनायास, एकाएक, सहसा, संयोगवश, संयोगवशात्।

अचूक—अकसीर, अमोघ, अव्यर्थ, पक्का, रामबाण।

अचेत—चेतनारहित, चेतनाशून्य, बोधरहित, बोधशून्य, मूर्च्छित, संज्ञाहीन।

अज्ञान—अज्ञता, अनभिज्ञता, अनाड़ीपन, अबोधता, अविद्या, कमअक्ली,

जड़ता, नादानी, नासमझी, बेवकूफी, मूढ़ता, मूर्खता।

अज्ञानी—अजान, अज्ञ, अनजान, अनभिज्ञ, अनाड़ी, अपरिचित, अबोध, अविज्ञ, जड़, ज्ञानहीन, नादान, नासमझ, बुद्धिहीन, मंदबुद्धि, मूढ़, मूर्ख।

अज्ञेय—अगम्य, अगोचर, अनधिगम्य, अप्रमेय, अबोध्य, अमेय, अविज्ञेय, अवेद्य, चिंतनातीत, ज्ञानातीत, बोधातीत।

अटल—अचल, अडिग, अपरिवर्तन, अवश्यंभावी, अविचल, दृढ़, ध्रुव, नित्य, पक्का, स्थिर।

अतिथि—अभ्यागत, पाहुन, पाहुना, मेहमान।

अत्याचार—अनाचार, अनीति, अंधेर, अन्याय, उत्पीड़न, क्रूरता, जबरदस्ती, जुल्म, ज्यादती, दुराचार, निर्दयता, नृशंसता, बेदर्दी, सितम।

अत्याचारी—अनाचारी, अन्यायी, आततायी, उत्पीड़क, क्रूर, जालिम, जुल्मी, नृशंस, बेदर्द, सितमगर।

अथाह—अगाध, अतलस्पर्शी, गंभीर, गहन, गहरा।

अदृश्य—अगोचर, अंतर्धान, ओझल, गायब, तिरोभूत, तिरोहित, लुप्त, विलुप्त।

अधम—ओछा, कमीन, कमीना, कुत्सित, क्षुद्र, छिछोरा, तुच्छ, निकृष्ट, निंद्य, निम्न, नीच, पोच।

अधिक—अतिरिक्त, अतिशय, अतीव, अतुल, अतुलनीय, अतुलित, अनल्प, अपरंपार, अमित, ज्यादा, तीव्र नितांत, प्रचुर, फालतू, बहुत, बेश, बेशी।

अधिकता—अतिरिक्तता, अतिशयता, अतीवता, अधिकाई, अनल्पता, अमितता, आधिक्य, प्रचुरता, प्राचुर्य, बहुत्व, बहुतलता।

अधिकार—आधिपत्य, कब्जा, दावा, प्रभुत्व, शासन, स्वत्व, स्वामित्व, हक।

अधिकारी—अधिकार-संपन्न, अधिप, अधिपति, अफसर, प्रभु, प्रशासक, मालिक, शासक, स्वत्वधारी, स्वामी, हकदार।

अधीन—आश्रित, ताबेदार, वशवर्ती, वशीभूत, वश्य, शरणागत।

अधीर—आकुल, आतुर, उतावला, उद्विग्न, उद्वेलित, धैर्यहीन, बेकरार, बेताब, व्यग्र, व्याकुल।

अधीरता—अधैर्य, आकुलता, आतुरता, उतावलापन, उतावली, उद्विग्नता, उद्वेग, उद्वेलन, धैर्यहीनता, बेकरारी, बेताबी, व्यग्रता, व्याकुलता।

अध्ययन—अनुशीलन, पठन, पढ़ाई, परिशीलन, पारायण, स्वाध्याय।

अध्याय—उल्लास, कांड, निःश्वास, पद्धति, परिच्छेद, पाठ, पाद, प्रकरण, प्रकाश, मयूख, समुल्लास, सर्ग, स्कंध।

अनचाहा—कदाचार, दुराचरण, दुराचार, दुष्कर्म, भ्रष्टाचार।

अनाचारिता—आचरणहीनता, आचरणशून्यता, कदाचारिता, चरित्रहीनता, दुश्चरित्रता, भ्रष्टता।

अनाचारी—आचरणशून्य, आचरणहीन, कदाचारी, कुचाली, कुकर्मी, कुमार्गी, चरित्रहीन, दुःशील, दुराचारी, दुष्कर्मी, भ्रष्ट, भ्रष्टाचारी।

अनाज—अन्न, खाद्यान्न, गल्ला, धान्य, शस्य।

अनाड़ी—अकुशल, अज्ञानी, अनभिज्ञ, अनुभवहीन, अपटु, अप्रवीण, अयोग्य, नादान, नासमझ, नौसिखिया, फूहड़, मूर्ख।

अनाड़ीपन—अकुशलता, अज्ञान, अनभिज्ञता, अनुभवहीनता, अपटुता, अप्रवीणता, अयोग्यता, नादानी, नासमझी, नौसिखियापन, फूहड़पन, मूर्खता।

अनाथ—अनाश्रय, अनाश्रित, आश्रयहीन, निरवलंब, निराश्रय, निराश्रित, निस्सहाय, बेसहारा, यतीम।

अनावश्यक—अनपेक्ष, अनपेक्षितता, अवांछित, अवांछनीय, गैरजरूरी, निष्प्रयोजन, फिजूल, व्यर्थ।

अनावश्यकता—अनपेक्षता, अनपेक्षितता, अवांछनीयता, अवांछितता, गैरजरूरीपन, निष्प्रयोजनता, व्यर्थता।

अनासक्त—अरागी, आसक्तिमुक्त, आसक्तिरहित, आसक्तिशून्य, उदासीन, निर्लेप, रागशून्य, रागहीन, विरागी।

अनासक्ति—आसक्तिहीनता, उदासीनता, निर्लेपता, रागशून्यता, रागहीनता, विराग।

अनियंत्रित—अप्रतिबंधित, उच्छृंखल, निरंकुश, प्रतिबंधरहित, मनमाना, स्वच्छंद।

अनियमित—अनियमी, अव्यवस्थित, क्रमहीन, गड़बड़, बेकायदा, बेतरतीब, विषम, व्यवस्थाहीन।

अनिवार्य—अनिवारणीय, अपरिहार्य, अपेक्षित, आवश्यक, जरूरी, परमावश्यक, लाजिमी।

अनुकूल—अनुरूप, अनुसार, अप्रतिकूल, अविरुद्ध, अविरोधी, मुआफिक।

अनुक्रमणिका—अनुक्रमणी, शब्दानुक्रम, शब्दानुक्रमणिका, शब्दानुक्रमणी, क्रमसूची।

अनुगामी—अनुकारी, अनुगत, अनुचर, अनुपद, अनुयायी, अनुवर्ती, आज्ञाकारी, पक्षधर, पिछलग्गू, समर्थक।

अनुचित—अग्राह्य, अनुपयुक्त, अनैतिक, अयुक्त, असम्यक्, असंगत, अवांछनीय, गैरवाजिब, नाजायज, नामुनासिब, बुरा, बेजा।

अनुपम—अतुल, अतुलनीय, अद्वितीय, अनुपमेय, अप्रतिम, उपमारहित, बेजोड़, लाजवाब।

अनुपयुक्त—अनुचित, अपात्र, अयोग्य, नामाकूल।

अनुपयुक्तता—अनौचित्य, अपात्रता, अयोग्यता, नामाकूलियत, नामाकूली।

अनुमति—अनुज्ञा, अनुमोदन, इजाजत, सहमति, स्वीकृति।

अनुमान—अटकल, अंदाज, अंदाजा, कूत, परिकलन।

अनुरूप—अनुसार, सदृश, सम, समान।

अनुरूपता—अनुसारिता, सदृशता, समता, समानता, सादृश्य।

अनुरोध—अनुनय, आग्रह, प्रार्थना, विनती, विनय।

अनुसंधान—अन्वीक्षण, अन्वीक्षा, अन्वेषण, खोज, गवेषणा, शोध, शोधन।

अनोखा—अद्भुत, अनूठा, अपूर्व, असाधारण, असामान्य, निराला, विचित्र, विलक्षण।

अनोखापन—अनूठापन, अपूर्वता, असाधारणता, असामान्यता, निरालापन, विचित्रता, विलक्षणता, वैचित्र्य।

अंतर्गत—अंतर्भूत, अंतर्निविष्ट, अंतर्निहित, निहित, शरीक, शामिल, सम्मिलित।

अंतर्दृष्टि—अंतर्ज्ञान, अंतर्बोध, ज्ञानचक्षु, प्रज्ञा।

अंधकार—अँधियारा, अँधेरा, तम, तमिस्र, तिमिर।

अंधकारमय—अंधकारपूर्ण, अंधकारयुक्त, तमाच्छन्न, तमाच्छादित, तमावृत, तमोमय, तिमिराच्छन्न, तिमिरावृत।

अंधा—अनक्ष, अंध, चक्षुहीन, दृष्टिहीन, प्रज्ञाचक्षु, सूर, सूरदास।

अंधापन—अंधता, अंधत्व, चक्षुहीनता, दृष्टिहीनता, नेत्रहीनता, प्रज्ञाचक्षुत्व।

अन्यमनस्क—अनमना, उदास, उदासीन, खिन्न, वैमनस्क, विरक्त।

अन्यमनस्कता—अनमनापन, उदासी, उदासीनता, खिन्नता, वैमनस्कता, विरक्ति।

अन्याय—अत्याचार, अनर्थ, अनीति, अंधेर, जुल्म, धाँधली, नाइंसाफी, बेइंसाफी, सितम।

अन्यायी—अत्याचारी, जालिम, बेइंसाफ, सितमगर।

अन्वेषक—अनुसंधाता, अनुसंधानकर्ता, अनुसंधित्सु, अन्वेषी, खोजी, गवेषक, गवेषी, शोधक, शोधकर्ता, शोधार्थी।

अपकार—अनर्थ, अनिष्ट, अहित, नुकसान, बुरा, हानि।

अपकारी—अनर्थकारी, अनिष्टकारी, अनिष्टसाधक, अहितकारी, हानिकारक।

अपमान—अनादर, अवज्ञा, अवमान, अवहेलना, तिरस्कार, तौहीन, निरादर, बेइज्जती, बेकद्री, मानहानि।

अपयश—अपकीर्ति, अपवाद, कलंक, कुख्याति, बदनामी।

अपराध—कसूर, खता, गलती, जुर्म, दोष, दुष्कर्म, भूल।

अपराधी—अपराधकारी, कसूरवार, दोषी, मुजरिम, मुलजिम।

अपर्याप्त—अल्प, कम, थोड़ा, नाकाफी, न्यून, यत्किंचित्, स्वल्प।

अपवित्र—अपावन, अशुद्ध, अस्वच्छ, गंदा, दूषित, मलिन।

अपवित्रता—अपावनता, अशुद्धता, अशौच, अस्वच्छता।

अप्रचलित—अप्रयुक्त, अव्यवहृत, प्रयोगबाह्य।

अप्रसन्न—असंतुष्ट, कुपित, खफा, खिन्न, दुःखी, नाखुश, नाराज, रिसौहाँ, रुष्ट।

अप्रसन्नता—अकृपा, अप्रसाद, कोप, खिन्नता, नाखुशी, नाराजगी, नाराजी।

अप्राकृतिक—अप्राकृत, असहज, अस्वाभाविक, ऊपरी, कृत्रिम, बनावटी, बाहरी।

अप्सरा—दिव्यांगना, देवबाला, देववधु देवांगना, सुरबाला, सुरसुंदरी।

अभागा—दुर्भाग्यशाली, बदकिस्मत, बदनसीब, भाग्यहीन, हतभाग्य।

अभाग्य—कुभाग्य, दुर्भाग्य, दुर्दैव, बदकिस्मती, बदनसीबी, भाग्यहीनता।

अभिमान—अहंकार, अहम्मन्यता, गर्व, गुमान, गौरव, घमंड, दंभ, दर्प।

अभिमानी—अहंकारी, अहम्मन्य, गर्वीला, गुमानी, घमंडी, दंभी, दर्पी।

अभिरुचि—झुकाव, दिलचस्पी, पसंद, प्रवृत्ति, रुचि, रुझान, शौक।

अभेद—अभिन्नता, एकता, एकत्व, एकरूपता, ऐक्य, तादात्म्य, सारूप्य।

अमर—अक्षय, अजर, अनश्वर, अमर्त्य, अमिट, अविनश्वर, अविनाशी, चिरंजीवी, चिरस्थायी, नित्य, मृत्युंजय, शाश्वत।

अमूर्त—अगोचर, अप्रत्यक्ष, अलख, अव्यक्त, निराकार।

अमूल्य—अनमोल, कीमती, बहुमूल्य, बेशकीमत, महार्घ, मूल्यवान्।

अमृत—अमिय, अमी, आबेहयात, देवान्न, देवाहार, पीयूष, सुधा।

अयोग्य—अनधिकारी, अनुपयुक्त, अपात्र, कुपात्र, नाकाबिल, नालायक।

अयोग्यता—अनधिकारिता, अनुपयुक्तता, अपात्रता, कुपात्रता, नाकाबिलीयत, नालायकी।

अर्जुन—कपिध्वज, किरीटी, कौंतेय, गांडीवधर, गुडाकेश, जिष्णु, धनंजय, पार्थ, फाल्गुन, विजय, श्वेतवाहन, साव्यसाची।

अलक्ष्य—अगोचर, अदृश्य, अप्रत्यक्ष, अलख, इंद्रियातीत।

अंलकृत—भूषित, मंडित, विभूषित, सजा-धजा, सज्जित, सालंकार, सुसज्जित।

अलौकिक—अपार्थिव, अप्राकृत, दिव्य, लोकोत्तर, स्वर्गिक।

अवगुण—ऐब, खराबी, खामी, खोट, दुर्गुण, दूषण, दोष, बुराई, विकार, विकृति।

अवनति—अधोगति, अपकर्ष, गिरावट, पतन, ह्रास।

अवरोध—अड़चन, अंतराय, बंदिश, बाधा, रोक, रुकावट।

अव्यवस्था—अनियंत्रण, अनियमितता, अस्तव्यस्तता, कुप्रबंध, कुव्यवस्था, क्रमहीनता, गड़बड़, गड़बड़ी, बदइंतजामी, व्यवस्थाहीनता।

अव्यवस्थित—अनियंत्रित, अनियमित, अस्तव्यस्त, क्रमहीन, गड़बड़, गड्डमड्ड, बेकायदा, बेतरतीब, विपर्यस्त, विशृंखल, व्यवस्थाहीन।

अशांत—अस्थिर, आंदोलित, उद्विग्न, उद्वेलित, क्षुब्ध, दोलित, विक्षुब्ध, व्यग्र।

अशांति—अस्थिरता, आंदोलन, उत्पात, उथलपुथल, उद्विग्नता, उद्वेलन, उपद्रव, ऊधम, खलबली, गड़बड़, हंगामा, हलचल, हुल्लड़।

अशुभ—(क) अकल्याण, अनर्थ, अनिष्ट, अमंगल, अहित, बुरा, हानि। (ख) अकल्याणकारी, अनर्थकारी, अनिष्टकर, अमंगलकारक, अमांगलिक, अहितकर, हानिकर, हानिकारक।

असत्य—अनृत, अयथार्थ, अलीक, अवास्तविक, झूठ, निराधार, निस्सार, मिथ्या, मृषा।

असभ्य—अशिष्ट, अश्लील, असंस्कृत, उजड्ड, गँवार, ग्राम्य।

असमंजस—अनिश्चय, उलझन, ऊहापोह, कशमकश, किंकर्तव्यविमूढ़ता, दुविधा, पसोपेश।

असमर्थ—अयोग्य, अशक्त, कमजोर, दुर्बल, लाचार, सामर्थ्यहीन।

असमर्थता—अयोग्यता, अशक्तता, कमजोरी, लाचारी, सामर्थ्यहीनता।

असावधान—गाफिल, निर्द्वंद्व, निश्चिंत, बेपरवाह, बेफिक्र, लापरवाह।

असीम—अकूत, अछोर, अतीव, अतुल, अनंत, अंतहीन, अपरिमित, अपार, अपरिमेय, अमित, असीमित, निस्सीम, बेहद, सीमातीत, सीमारहित, सीमाहीन।

अस्तव्यस्त—अव्यवस्थित, उलटा-पुलटा, उलटा-सुलटा, क्रमहीन, गड्डमड्ड, तितर-बितर, विपर्यस्त, व्यवस्थाहीन।

अस्थिर—अधीर, अशांत, डगमग, डाँवाँडोल, चंचल, चपल, चलायमान, विचलित।

अस्वस्थ—बीमार, रुग्ण, रोगग्रस्त, रोगी।

अस्वाभाविक—अनैसर्गिक, अप्राकृत, अप्राकृतिक, अस्वभावज, कृत्रिम, बनावटी।

अस्वाभाविकता—अनैसर्गिकता, अप्राकृतिकता, कृत्रिमता, बनावटीपन।

आकर्षक—दिलकश, मनमोहक, मनोमुग्धकारी, मनोहर, मनोहारी, मुग्धकारी, लुभावना, हृदयग्राही, सम्मोहक, सुंदर।

आकर्षित—आकृष्ट, मुग्ध, मोहित, सम्मोहित।

आकाश—अनंत, अंतरिक्ष, आसमान, उडुपथ, गगन, गगनमंडल, छायापथ, तारापथ, नक्षत्रपथ, नभोमंडल, व्योम, शून्य।

आकाशगंगा—छायापथ, देवपथ, द्युनदी, नभसरिता, मंदाकिनी, व्योमगंगा, सुरपथ, स्वर्ग-गंगा, स्वर्गंगा।

आकुल—अधीर, अशांत, अस्थिर, आतुर, आर्त, उतावला, उद्विग्न, उद्वेलित, क्षुब्ध, चिंतित, परेशान, बेकरार, बेकल, बेचैन, विक्षुब्ध, व्यग्र।

आकुलता—अकुलाहट, अधीरता, आतुरता, उतावली, उद्विग्नता, उद्वेलन, घबराहट, चिंता, परेशानी, बेकरारी, बेकली, बेचैनी, व्यग्रता।

आघात—चोट, ठोकर, धक्का, प्रहार, मार, संघात।

आजीविका—काम-काज, काम-धंधा, काम-धाम, धंधा, रोजी, रोजी-रोटी, वृत्ति, व्यवसाय।

आज्ञा—आदेश, फरमान, शासन, समादेश, हुक्म।

आज्ञाकारी—अनुगत, आज्ञापालक, आदेशपालक, फरमाबरदार, हुक्मबरदार।

आज्ञापालन—आज्ञाकारिता, आज्ञानुवर्तन, आदेशपालन, फरमाबरदारी, हुक्मबरदारी।

आडंबर—टीमटाम, ढकोसला, ढोंग, दिखावट, दिखावा, ठाटबाट, पाखंड, प्रपंच, स्वाँग।

आत्मा—अंतरात्मा, जीव, जीवात्मा, रूह।

आनंद—आमोद, आह्लाद, उल्लास, खुशी, प्रमोद, प्रसन्नता, मजा, मोद, लुत्फ, सुख, हर्ष।

आनंददायक—आनंदकार, आनंदप्रद, आह्लादक, आह्लादकारी, उल्लासकारी, उगासप्रद, प्रमोदकारी, मजेदार, मोदकारी, सुखकर, सुखद, सुखप्रद, हर्षप्रद।

आनंदित—आह्लादित, उल्लसित, प्रमुदित, मुदित, सुखी, हर्षित।

आनुवंशिक—पुश्तैनी, पैतृक, पैत्रिक, मौरूसी, वंशक्रमागत, वंशागत, वंशानुक्रमिक, वंशानुगत।

आंतरिक—अंतरंग, अंदरूनी, आभ्यंतर, आभ्यांतरिक, गूढ़, घनिष्ठ, भीतरी, मानसिक, हार्दिक, हृदयगत।

आपत्ति—आपदा, आफत, मुसीबत, विपत्ति, विपदा, संकट।

आभारी—अनुगृहीत, उपकृत, गणी, एहसानमंद, कृतज्ञ, शुक्रगुजार।

अयुष्मान—चिरंजीव, चिरजीवी, चिरायु, दीर्घजीवी, निकम्मा, मंद, शिथिल,

सुस्त, स्फूर्तिहीन।

आलसी—अकर्मण्य, कामचोर, काहिल, ढीला, दीर्घसूत्री, निकम्मा, मंद, शिथिल, सुस्त, स्फूर्तिहीन।

आलस्य—अकर्मण्यता, काहिली, ढीलापन, दीर्घसूत्रता, निकम्मापन, मंदता, लद्धड़पन, शिथिलता, शैथिल्य, सुस्ती, स्फूर्तिहीनता।

आलिंगन—अंकपाली, अंकमाला, अंकवार, परिरंभ, संषलेष।

आशीर्वाद—आशिष, आशीष, आशीर्वचन, दुआ, शुभकामना, शुभाशीष।

आश्चर्य—अचंभा, अचरज, कुतूहल, ताज्जुब, विस्मय, विस्मिति, हैरत, हैरानी।

आश्चर्यचकित—आश्चर्यवित, चकित, चमत्कृत, भौंचक, भौंचक्का, विभ्रांत, विस्मित, स्तब्ध, हक्का-बक्का, हैरान।

आश्चर्यजनक—अद्‌भुत, आश्चर्यपूर्ण, कुतूहलपूर्ण, विचित्र, विस्मयकारी, विस्मयजनक, हैरतअंगेज।

आश्रय—अवलंब, आसरा, पनाह, छत्रच्छाया, प्रश्रय, भरोसा, शरण, सहारा।

आँख—अक्ष, अक्षि, चक्षु, चश्म, दीदा, दृग, दृगेंद्रिय, नयन, नेत्र, नैन, लोचन।

आँधी—अंधड़, चक्रवात, झंझा, झंझावात, तूफान, प्रभंजन, बवंडर, वात्याचक्र।

आँसू—अश्क, अश्रु, नयनजल, नेत्रांबु।

इच्छा—अभिलाषा, अभीप्सा, अरमान, आकांक्षा, आरजू, ईप्सा, ईहा, एषणा, काम, कामना, ख्वाहिश, चाह, तमन्ना, मनोकामना, मनोरथ, लालसा, वांछा, साथ, स्पृहा, हसरत।

इच्छित—अभिप्रेत, अभिलशित, अभीप्सित, अभीष्ट, आकांक्षित, इष्ट, ईप्सित, काम्य, वांछित।

इच्छुक—अभिलाषी, अभीप्सु, आकांक्षी, इच्छाशक्ति, कामनाशील, वांछी।

इंद्र—अमरपति, अमरेश, आखंडल, देवपति, देवराज, देवेंद्र, देवेश, पर्जन्य, पुरंदर, पुरुहूत, मघवा, मेघराज, मेघवाहन, वज्रधर, वज्री, वासव, विडौजा, वृत्रहा, शतक्रतु, शचीपति, शचीश, शुनासीर, सहस्राक्ष, सुरपति, सुरराज, सुरेंद्र, सुरेश, सुरेश्वर।

इरादा—अभिप्राय, आशय, इच्छा, नीयत, मंशा, विचार।

इसलिए—अतः, अतएव, चुनाँचे, परिणामतः, परिणामस्वरूप, फलतः, फलस्वरूप।

इस्तेमाल—उपयोग, उपभोग, प्रयोग, व्यवहार, सेवन।

ईमानदार—खरा, निश्छल, निष्कपट, नेकनीयत, सच्चा, सत्यनिष्ठ, सत्यपरायण, सदाशय।

ईमानदारी—खरापन, निश्छलता, निष्कपटता, नेकनीयती, सत्यनिष्ठा, सत्यपरायणता, सदाशयता।

ईर्ष्या—खार, जलन, डाह, द्वेष, प्रतिस्पर्धा, मत्सर, स्पर्धा।

ईर्ष्यालु—डाही, द्वेषी, प्रतिस्पर्धक, मत्सरी, स्पर्धी।

ईश्वर—अक्षर, अच्युत, अज, अंतर्यामी, अलख, अल्लाह, अविनाशी, आदिदेव, आदिपुरुष, ईश, कूटस्थ, खुदा, चिन्मय, जगत्पिता, जगदीश, जगदीश्वर, जगन्नाथ, जगन्नियंता, जनार्दन, ठाकुर, त्रिभुवननाथ, त्रिभुवनपति, त्रिलोकीनाथ, दीनबंधु, निरंजन, परब्रह्म, परमपिता, परमपुरुष, परमब्रह्म, परमात्मा, परमेश्वर, पुरुषोत्तम, प्रभु, ब्रह्म, भगवान्, मायापति, राम, विराट्पुरुष, विश्वनाथ, विश्वंभर, विश्वात्मा, विश्वेश्वर, सच्चिदानंद, सर्वशक्तिमान, सर्वेश्वर, सृष्टिकर्ता, स्वयंभू।

उक्त—उल्लिखित, कथित, प्रोक्त, वर्णित।

उक्ति—कथन, वचन, वक्तव्य।

उग्र—अविनीत, उत्कट, उद्दंड, उद्धंत, कराल, कर्कष, घोर, चंड, तीक्ष्ण, तेज, दुर्दमनीय, दुर्दांत, दुर्धर्ष, प्रचंड, भीषण, विकट, विकराल।

उग्रता—अविनीतता, उत्कटता, उद्दंडता, उद्धतता, करालता, कर्कषता, चंडता, तीक्ष्णता, दुर्दमनीयता, दुर्दांतता, दुर्धर्षता, प्रचंडता, भीषणता, विकटता, विकरालता।

उचाट—अनमना, अन्यमनस्क, उदास, उदासीन, खिन्न, विरक्त, विरत।

उचित—अच्छा, उपयुक्त, जायज, ठीक, दुरुस्त, तर्कसंगत, तर्कसम्मत, नियमानुकूल, न्याय, न्यायसंगत, न्यायोचित, बजा, माकूल, मुनासिब, मौजूँ, यथोचित, युक्तियुक्त, युक्तिसंगत, योग्य, वाजिब, समीचीन, सम्यक्, सही।

उच्च—उत्ताल, उत्तुंग, उदग्र, उदात्त, उन्नत, ऊर्ध्व, मूर्धन्य, शीर्षस्थ, श्रेष्ठ।

उच्चता—उत्तालता, उत्तुंगता, उदात्तता, ऊर्ध्वता, ऊँचाई, श्रेष्ठता।

उज्ज्वल—उजला, कांतिमान्, कांतियुक्त, चमकीला, दीप्त, निर्मल, शुभ्र, सफेद, स्वच्छ।

उत्तम—अद्वितीय, अनुपम, उत्कृष्ट, बढ़िया, श्रेष्ठ, सर्वश्रेष्ठ, सर्वोत्तम।

उत्थान—अभ्युदय, उत्कर्ष, उन्नति, उन्नयन, तरक्की, प्रगति।

उत्पत्ति—आविर्भाव, उदय, उद्‌भव, जन्म, पैदाइश, प्राकट्‌य, प्रादुर्भाव, प्रारंभ, व्युत्पत्ति।

उत्पन्न—आविर्भूत, उदित, उद्‌भूत, जनित, जन्मा, जात, पैदा, प्रकट, प्रादुर्भूत, व्युत्पन्न।

उत्सव—त्योहार, पर्व, समारोह।

उत्साह—उछाह, उमंग, उल्लास, जोश, हौसला।

उत्साहहीनता—अनुत्साह, उमंगहीनता, उल्लासहीनता, निरुत्साह, मुर्दादिली।

उत्सुक—अधीर, आकुल, आतुर, उतावला, उत्कंठित, लालायित, व्यग्र।

उत्सुकता—अधीरता, आकुलता, आतुरता, उतावलापन, उत्कंठा, व्यग्रता।

उदात्त—उच्च, उदार, उदारचरित, उदारचेता, महामना, विशालहृदय।

उद्‌गम—आरंभ, आविर्भाव, उत्पत्ति, उदय, उद्‌भव, निकास, मूल।

उद्‌दंड—अक्खड़, अनियंत्रित, अशिष्ट, उग्र, उच्छृंखल, उजड्‌ड, उद्‌दाम, उद्धत, ढीठ, धृष्ट, निरंकुश, बेअदब, स्वच्छंद, स्वेच्छाचारी।

उद्‌दंडता—अक्खड़पन, अशिष्टता, उग्रता, उच्छृंखलता, उजड्‌डपन, उद्‌दामता, उद्धतता, औद्धत्य, ढिठाई, धृष्टता, निरंकुशता, बेअदबी, स्वच्छंदता, स्वेच्छाचारिता।

उद्यत—आमादा, उतारू, कटिबद्ध, तत्पर, तैयार, प्रस्तुत, सन्नद्ध।

उद्यम—1. उद्योग, काम-धंधा, धंधा, रोजगार, व्यवसाय। 2. अध्यवसाय, उद्योग, कोशिश, परिश्रम, पुरुषार्थ, प्रयत्त, प्रयास, मेहनत, यत्न, श्रम।

उद्यमी—अध्यवसायी, उद्योगी, कर्मठ, परिश्रमी, पुरुषार्थी, प्रयत्नशील, प्रयासशील, मेहनती, यत्नशील, श्रमशील।

उद्यान—उपवन, गुलशन, गुलिस्ताँ, चमन, पाईंबाग, पुष्पवाटिका, पुष्पोद्यान, फुलवारी, बगीचा, बाग, वाटिका।

उद्रेक—अतिशयता, अधिकता, आधिक्य, प्राचुर्य, बाहुल्य।

उन्नति—अभिवृद्धि, अभ्युदय, उत्कर्ष, उत्थान, उन्नयन, तरक्की, प्रगति, विकास, वृद्धि, श्रीवृद्धि, समुन्नति।

उन्माद—उन्मत्तता, खब्त, चित्तविभ्रम, जुनून, दीवानापन, पागलपन, बावलापन, विक्षिप्तता।

उपकार—अनुकंपा, अनुग्रह, एहसान, कल्याण, कृपा, भलाई, हित।

उपकारी—उपकारक, खैरख्वाह, परोपकारी, हितकारक, हितकारी, हितचिंतक, हितसाधक, हितैषी।

उपद्रव—अरिष्ट, अशांति, आंदोलन, ईति, उत्पात, उपसर्ग, ऊधम, झगड़ा, दंगा, फसाद, बगावत, बलवा, विद्रोह, विप्लव, हंगामा, हुल्लड़।

उपद्रवी—आंदोलनकारी, उत्पाती, ऊधमी, झगड़ालू, दंगाई, नटखट, फसादी, बलवाई, विद्रोही, विप्लवी, हुल्लड़बाज।

उपनयन—जनेऊ, यज्ञसूत्र, यज्ञोपवीत, व्रतबंध।

उपमा—तुलना, समता, सादृष्य, साम्य।

उपयुक्त—अनुकूल, अनुरूप, उचित, ठीक, मुनासिब, युक्तियुक्त, युक्तिसंगत, योग्य, लायक, वाजिब, सही।

उपयोग—(क) इस्तेमाल, प्रयोग, व्यवहार, सेवन। (ख) उपयोगिता, उपादेयता, फायदा, लाभ।

उपयोगी—उपादेय, कारगर, कारआमद, फायदेमंद, मुफीद, लाभकर, लाभकारी, लाभदायक, लाभदायी, लाभप्रद।

उल्लू—उलूक, कौशिक, खूसट, घुग्घू, दिवांध, लक्ष्मीवाहन।

उशा—अरुणोदय, उषः, ऊशा, तड़का, प्रत्यूष, प्रभात, भिनसार, भोर, सबेरा।

ऊष्मा—गरमी, तपन, ताप, निदाघ।

ऊसर—अनुपजाऊ, अनुर्वर, बंजर।

ऊँट—उष्ट्र, करभ, क्रमेल, क्रमेलक, मरुप्रिय।

गण—उधार, कर्ज, कर्जा, देना, देय।

एकाग्र—एकचित्त, तन्मय, तगीन, दत्तचित्त, ध्यानस्थ, स्थिरचित्त।

एकाग्रता—एकचित्तता, तन्मयता, तगीनता, ध्यान, मनोयोग।

ऐश्वर्य—धन-दौलत, धन-संपत्ति, वैभव, संपन्नता, समृद्धि।

ऐश्वर्यशाली—ऐश्वर्यपूर्ण, ऐश्वर्यवान्, वैभवशाली, संपन्न, संपत्तिवान्, समृद्ध।

ओढ़नी—उत्तरीय, उपरनी, चुन्नी, दुकूल, दुपट्टा, पिछौरी, फरिया।

ओला—उपल, करक, करका, घनोपल, हिमोपल।

औचित्य—उपयुक्तता, तर्कसंगतता, नियमानुकूलता, न्यायसंगतता, युक्तियुक्तता, युक्तिसंगतता, समीचीनता, सम्यक्ता।

कंकाल—अस्थि-पंजर, ठटरी, पंजर, हड्डी-पसली।

कछुआ—कच्छप, कमठ, कूर्म।

कंठस्थ—कंठगत, कंठाग्र, मुखाग्र, याद।

कपड़ा—अंशुक, अंबर, आच्छादन, चीर, चेल, पट, वसन, वस्त्र।

कमल—अब्ज, अंबुज, अरविंद, इंदीवर, उत्पल, कंज, कुशेशय, जलज, जलजात, तामरस, नलिन्न, नीरज, पंकज, पद्म, पुष्कर, राजीव, वारिज, शतदल, शतपत्र, सरसिज, सरोज, सरोरुह।

कमलनाल—कमलदंड, पद्मानाल, बिस, मृणाल, मृणालिनी।

कर्मठ—उद्यमी, उद्योगी, कर्मनिष्ठ, कर्मशील, परिश्रमी, मेहनती, श्रमशील, श्रमी।

कलह—कहा-सुनी, झगड़ा, तकरार, लड़ाई, वाग्युद्ध, वाग्वितंडा, विवाद।

कली—कलिका, कुंमल, कोरक, गुंचा, मुकुल।

कल्पित—कल्पनाजन्य, काल्पनिक, ख्याली, मनगढ़ंत, हवाई।

कल्याण—कुशल, कुशल-क्षेम, कुशल-मंगल, क्षेम, भद्र, भला, भलाई, शुभ, हित।

कवच—अंगत्राण, जिरहबख्तर, वर्म, सननाह।

कष्ट—क्लेश, तकलीफ, दर्द, दुःख, पीड़ा, रोग, वेदना, व्यथा, संताप।

कहानी—अफसाना, आख्यान, आख्यायिका, कथा, किस्सा, गल्प, दास्तान, फसाना।

कामदेव—अंगज, अनंग, अनंगी, कंदर्प, काम, कुसुमधन्वा, कुसुमबाण, कुसुमशर, कुसुमायुध, झषकेतु, पंचबाण, पंचशर, पुष्पधनु, पुष्पधन्वा, पुष्पबाण, पुष्पशर, पुष्पायुध, मकरध्वज, मदन, मनसिज, मनोज, मन्मथ, मयन, मार, मीनकेतन, रतिकांत, रतिनाथ, रतिपति, रतिप्रिय, रतिरमण, वसंतबंधु, वसंतसखा, स्मर।

कायर—कातर, कापुरुष, डरपोक, भीरु।

कायरता—कातरता, कापुरुषता, डरपोकपन, भीरुता।

कारागार—कारा, कारागृह, कारावास, कैदखाना, जेल, जेलखाना, बंदीगृह, बंदीघर।

कार्तिकेय—अग्निभू, कुमार, तारकजित्, तारकारि, देवसेनापति, पार्वतीनंदन, विशाख, शक्तिधर, शरजन्मा, शिखिवाहन, षडानन, षण्मुख, स्कंद।

काला—असित, आबनूसी, कजरारा, कलूटा, कृष्ण, मेघवर्णी, मेचक, श्याम, श्यामल, साँवला, स्याह।

कालापन—असितता, कालिमा, कृष्णता, मेघवर्णता, श्यामता, श्यामलता, साँवलापन, स्याहपन, स्याही।

कालिका—उग्रा, कंकालिनी, काली, मुक्तकेशी, रुद्राणी, श्यामा।

किरण—अंशु, अर्चि, कर, गो, दीधिति, मयूख, मरीचि, रश्मि।

कुत्ता—कुक्कुर, कूकर, ग्रामसिंह, शुनक, शुनि, श्वान, सारमेय।

कुबेर—किंपुरुषेश्वर, धनदेवता, धनेश, नरवाहन, निधीश्वर, यक्षेश्वर, राजराज, वित्तेश, वैश्रवण।

कुरूप—अप्रियदर्शन, असुंदर, कुदर्शन, बदशक्ल, बदसूरत, बेडौल, भद्दा, भोंडा, विद्रूप, विरूप।

कृतघ्न—अकृतज्ञ, एहसानफरामोश, नमकहराम, नाशुक्रा, बेवफा।

कृतज्ञ—अनुगृहीत, आभारी, उपकृत, एहसानमंद, कनौड़ा, कृतार्थ, शुक्रगुजार।

कृपा—अनुकंपा, अनुग्रह, इनायत, करुणा, कारुण्य, दया, मेहरबानी, रहम।

कृपालु—अनुग्रही, उदार, दयालु, दयाशील, मेहरबान, रहीम।

कृषक—काश्तकार, किसान, खेतिहर, हलजीवी, हलधर।

कृष्ण—कंसनिकंदन, कन्हाई, कन्हैया, कान्ह, कान्हा, केशव, गिरिधर, गिरिधारी, गीताचार्य, गोपाल, गोपीनाथ, गोपीवल्लभ, गोपेंद्र, गोविंद, घनश्याम, चक्रपाणि, चक्रधारी, दामोदर, देवकीनंदन, द्वारकाधीश, द्वारकानाथ, द्वारकेश, द्वारिकाधीश, द्वारिकानाथ, द्वारिकेश, नंदकिशोर, नंदकुमार, नंदनंदन, नंदलाल, पार्थसारथि, पीतांबरधारी, बनमाली, बनवारी, बाँकेबिहारी, बिहारी, ब्रजबिहारी, ब्रजेश, मदनगोपाल, मदनमोहन, मधुसूदन, मनमोहन, माताबदल, माधव, मुकुंद, मुरलीमनोहर, मुरारी, मोहन, यदुनंदन, यदुनाथ, यदुपति, यशोदानंदन, रणछोड़जी, रसिकबिहारी, राधाकांत, राधारमण, राधावल्लभ, लाल, वंशीधर, वासुदेव, वृंदावनविहारी, व्रजबिहारी, व्रजेश,

श्याम, श्यामसुंदर, श्रीकृष्ण, हरि।

केश—कच, कुंतल, चिकुर, बाल, मूर्धज, शिरोरुह।

केसर—केशर, कुंकुम, जाफरान।

कोयल—कलकंठ, कुहकनी, कुहुकंठ, कोकिल, कोकिला, पिक, पिकी, मधुकंठ, वसंतदूती।

कौआ—एकाक्ष, करट, करटक, काक, काग, बलिपुष्ट, वायस।

क्रांति—इनकलाब, बगावत, विद्रोह, विप्लव।

क्रांतिकारी—इनकलाबी, बागी, विद्रोही, विप्लवी।

क्रुद्ध—कुपित, क्रोधित, आगबबूला, आगभभूका, खफा, नाराज, लाल-पीला।

क्रूर—अत्याचारी, आततायी, कठोर, जालिम, जुल्मी, निर्दय, निर्मम, निष्ठुर, बर्बर, बेदर्द, बेरहम, हिंस्र।

क्रूरता—अत्याचार, कठोरता, निर्दयता, निष्ठुरता, बर्बरता, बेदर्दी, बेरहमी।

क्रोध—अप्रसन्नता, अमर्श, आक्रोष, कोप, क्षोभ, खीझ, गुस्सा, झगाहट, नाराजगी, प्रकोप, बौखलाहट, मन्यु, रिस, रोष।

क्लांत—थका, थका-माँदा, थका-हारा, थकित, परिश्रांत, श्रमित, श्रांत।

क्लांति—थकन, थकान, थकावट, परिश्रांति, श्रांति।

क्लिष्ट—कठिन, कष्टसाध्य, जटिल, दुरूह, दुर्गाह्य, दुर्ज्ञेय, दुर्बोध, मुश्किल।

क्लिष्टता—कठिनता, कठिनाई, कष्टसाध्यता, क्लिष्टत्व, जटिलता, दुरूहता, दुर्ज्ञेयता, दुर्बोधता, मुश्किल।

क्षुद्र—अधम, ओछा, खोटा, घटिया, छोटा, तुच्छ, नगण्य, नाचीज, निकृष्ट, निम्न, नीच, हीन, हेय।

क्षुद्रता—अधमता, ओछापन, क्षुद्रत्व, खोटापन, घटियापन, छोटापन, तुच्छता, नगण्यता, निकृष्टता, निम्नता, नीचता, हीनता, हेयता।

खंडित—अधूरा, अपूर्ण, छिन्न-भिन्न, टूटा, टूटा-फूटा, भग्न, भंजित, विखंडित, विच्छिन्न।

खिड़की—गवाक्ष, गौखा, झरोखा, वातायन।

गंगा—जाह्नवी, त्रिपथगा, देवनदी, देवपागा, भागीरथी, मंदाकिनी, विष्णुपदी, सुरतरंगिणी, सुरसरि, सुरसरिता, स्वर्गापगा।

गड्ढा—खड्ड, खड्डा, गड़हा, गढ़ा, गर्त, गार।

गणेश—उमासुत, एकदंत, गजवदन, गजानन, गणनायक, गणपति, गणाधिप, ढुंढि, ढुंढिराज, पार्वतीनंदन, भवानीनंदन, मूषकवाहन, लंबोदर, वक्रतुंड, विघ्नहर, विघ्नेश, विघ्नेश्वर, विनायक, सिद्धिविनायक, हस्तिमुख, हेरंब।

गधा—खर, गर्दभ, रासभ, वैशाखनंदन, शीतलावाहन।

गरम, गरमी—गर्म, गर्मी।

गरुड़—खगराज, खगेंद्र, खगेश, नागांतक, पक्षिराज, पन्नगारि, विष्णुवाहन, वैनतेय, सुपर्ण।

गर्म (गरम)—उष्ण, गरमागरम, गुनगुना, जलता, तप्त।

गर्मी (गरमी)—आतप, उष्णता, ऊष्मा, गरमाहट, तपन, तपिश, ताप।

गाय—गऊ, गैया, गो, गौ, धेनु, पयस्विनी।

गीत—गान, गाना, गीति, तराना, नग्मा।

गीदड़—जंबूक, शृंगाल, सियार।

गुरु—अध्यापक, आचार्य, उपाध्याय, शिक्षक।

गृहस्थ—कुटुंबी, गृही, घरबारी, परिवारी।

घटा/घटाटोप—कादंबिनी, घनमाला, मेघपंक्ति, मेघमाला, मेघसमूह, मेघावली।

घर—अयन, आलय, आवास, ओक, गृह, गेह, धाम, निकत, निकेतन, निलय, निवास, वेश्म, सदन।

घायल—आहत, क्षत, चुटैल, चोटिल, जख्मी, विक्षत।

घृणित—अरुचिकर, गंदा, गर्हित, घिनौना, घृणास्पद, घृणोत्पादक, बीभत्स, वितृष्णाजनक, विरतिकारी।

घोड़ा—अश्व, तुरंग, तुरग, बाजि, वाजि, सैंधव, हय।

घोषणा—अधिसूचना, उद्घोषणा, ऐलान, ढिंढोरा, मुनादी, विज्ञप्ति।

चंचल—अधीर, अशांत, अस्थिर, कंपमान, चपल, चल, चलायमान, चुलबुला, डाँवाँडोल, डगमग, दोलायित, लोल, विचलित।

चंचलता—अधीरता, अशांति, अस्थिरता, चपलता, चुलबुलापन, चुलबुलाहट, डगमगाहट, लोलता।

चतुर—कुशल, चालाक, दक्ष, निपुण, पटु, प्रगल्भ, प्रवीण, बुद्धिमान्, विज्ञ, सयाना, सुजान।

चतुरता—कुशलता, चतुराई, चातुरी, चातुर्य, चालाकी, दक्षता, निपुणता, पटुता, प्रगल्भता, प्रवीणता, बुद्धिमानी, बुद्धिमत्ता, विज्ञता, सयानापन।

चंदन—गंधसार, चंद्रद्युति, पाटीर, भद्रश्री, मलयज, मलयोद्‌भव, श्रीखंड, संदल।

चंद्रमा—इंदु, उडुपति, ओषधीश, औषधीपति, कलाधर, कलानिधि, कुमुदबंधु, कुमुदिनीपति, कौमुदीपति, क्षपाकर, क्षपानाथ, चंदा, चंद्र, चाँद, तारानाथ, तारापति, द्विज, नक्षत्रेष, निशाकर, निशाकांत, निशानाथ, निशापति, निशामणि, निशिनाथ, मयंक, मृगलांछन, मृगांक, रजनीश, राकेश, रोहिणीपति, विधु, शशधर, शशांक, शशि, शीतांशु, श्वेताश्व, सितांशु, सुधांशु, सुधाकर, सोम, हिमकर, हिमांशु।

चमकीला—आबदार, आभावान, उज्ज्वल, कांतिमान, चमचमाता, चमाचम, जाज्वल्यमान, ज्योतिर्मय, तेजवान्, दीप्त, दीप्तिमान्, देदीप्यमान्, द्युतिमान्, भास्वर।

चाटुकारी—खुशामद, चाटुकारिता, चापलूसी, ठकुरसुहाती, लल्लो-चप्पो।

चाँदनी—कौमुदी, चंद्रप्रभा, चंद्रताप, चंद्रालोक, चंद्रिका, ज्योत्स्ना, जुन्हाई, जुन्हैया, शशिप्रभा।

चाँदी—कलधौत, चंद्रकांति, रजत, रूपा।

चिकित्सक—डॉक्टर, प्राणाचार्य, भिषक, वैद्य, हकीम।

चिकित्सा—इलाज, उपचार, डॉक्टरी, दवा, दवा-दारू, भैषज्य, वैद्यकी, हकीमी।

चिकित्सालय—अस्पताल, औषधालय, दवाखाना, शफाखाना।

चिकित्साशास्त्र—आयुर्विज्ञान, आयुर्वेद, उपचारविद्या, उपचारशास्त्र, औषधिशास्त्र, चिकित्साविज्ञान।

चुस्त—अशिथिल, आलस्यहीन, तत्पर, फुर्तीला, मुस्तैद।

चुस्ती—अशैथिल्य, तत्परता, तेजी, निरालस्य, फुरती, मुस्तैदी।

चुहल—ठट्‌ठा, ठठोली, ठिठोली, दिग्गी, परिहास, मजाक, विनोद, हँसी।

चोर—तस्कर, दस्यु, रात्रिचर, स्तेन।

छल—कपट, कैतव, छद्‌म, छलावा, झाँसा, ठगी, दगा, धूर्तता, धोखा, धोखाधड़ी, धोखेबाजी, प्रवंचना, फरेब, वंचना, विश्वासघात, शठता।

छली—कपटी, कैतव, छद्मी, छलिया, झाँसेबाज, ठग, दगाबाज, धूर्त, धोखेबाज, प्रवंचक, फरेबी, बगुलाभगत, विश्वासघाती।

छाछ—तक्र, मट्ठा, मठा, मही।

छिन्न-भिन्न—अस्त-व्यस्त, छिन्न-विच्छिन्न, टुकड़े-टुकड़े, तार-तार, तितर-बितर, नष्ट-भ्रष्ट।

छेद—छिद्र, दरार, बिल, रंध्र, सूराख।

जगह—आस्पद, थल, ठाँव, ठौर, मुकाम, स्थल, स्थान।

जटिल—उलझनदार, कठिन, गहन, गूढ़, दुर्बोध, पेचीदा, पेचदार।

जटिलता—उलझन, कठिनाई, गहनता, गूढ़ता, दुर्बोधता, मुश्किल।

जन्म—आविर्भाव, उत्पत्ति, उद्गम, उद्भव, पैदाइश, प्रजनन, प्रादुर्भाव।

जन्मदिन—जन्मतिथि, जन्मदिवस, जयंती, वर्षगाँठ, सालगिरह।

जन्मपत्री—जन्मकुंडली, जन्मपत्र, जन्मपत्रिका, टिप्पन, टीप, टीपन, टेवा, लग्नकुंडली।

जरूर—अनिवार्यत:, अवश्य, अवश्यमेव, नि:संदेह, बेशक।

जरूरी—अनिवार्य, अपरिहार्य, अपेक्षित, आवश्यक, महत्त्वपूर्ण।

जादू—अभिचार, इंद्रजाल, जादूगरी, टोना-टोटका, तिलिस्म, बाजीगरी, माया।

ज्ञान—प्रमा, बोध, विवेक, संबोधि।

ज्ञानी—अभिज्ञ, जानकार, ज्ञाता, ज्ञानवान्, ज्ञानसंपन्न, पंडित, प्रमाता, विज्ञ, विवेकशील, विवेकी, वेत्ता, सुजान।

ज्ञेय—अधिगम्य, ज्ञानगम्य, ज्ञानगोचर, प्रमेय, बोधगम्य, बोध्य, मेय, विज्ञेय, वेद्य।

झंकार—झंकृति, झनक, झनकार, झनझन, झनझनाहट, झनाझन, झन्नाहट।

झंकृत—क्वणित, ध्वनित, रणित, शब्दित।

झंझट—खटराग, झगड़ा, झमेला, टंटा, पचड़ा, परेशानी, प्रपंच, बखेड़ा।

झंडा—केतन, केतु, ध्वज, ध्वजा, निशान, पताका, वैजयंतिका, वैजयंती।

झुंड—गण, गिरोह, जत्था, जमघट, टोली, दल, भीड़, मंडली, रेवड़, वृंद, समुदाय, समूह।

झोंपड़ी—उटज, कुटिया, कुटी, कुटीर, झुग्गी, झोंपड़ा, पर्णकुटी, पर्णशाला।

टिकली—टिकुली, टीका, बिंदी, बिंदिया, बेंदी।

टेढ़ा—आड़ा, कुटिल, घुमावदार, तिरछा, तिरछौहाँ, तिर्यक, बंक, बंकिम, बाँका, वक्र।

टेढ़ापन—आड़ापन, कुटिलता, घुमाव, टेढ़ाई, तिरछापन, तिर्यक्ता, वक्रता।

ठग—कपटी, छलछद्‌मी, छलिया, छली, धूर्त, धोखेबाज, प्रवंचक, मायावी, वंचक।

ठगी—कपट, छल, झाँसा, ठगपना, ठगविद्या, धूर्तता, धोखा, प्रवंचना, वंचना।

ठंडा—बर्फानी, शीतल, सर्द।

ठुड्डी—चिबुक, ठोड़ी, ठोढ़ी, हनु।

डाका—डकैती, डाकाजनी, बटमारी, राहजनी, लूटपाट।

डाँट—घुड़की, झाड़, झिड़की, डपट, ताड़ना, धिक्कार, प्रताड़ना, फटकार, भर्त्सना, लताड़, लानत-मलामत।

डाँटना—घुड़कना, झाड़ना, झिड़कना, डपटना, धिक्कारना, लताड़ना।

ढंग—कायदा, कार्यपद्धति, कार्यप्रणाली, कार्यविधि, तरीका, पद्धति, प्रणाली, रीति, विधि, शैली।

तत्काल—अविलंब, झटपट, तत्क्षण, तुरंत, तुरत-फुरत, फटाफट, फौरन, शीघ्र।

तत्त्वज्ञानी—तत्त्वज्ञ, तत्त्वदर्शी, तत्त्वविद्, तत्त्ववेत्ता, ब्रह्मज्ञ, ब्रह्मज्ञानी।

तपस्वी—तपोधन, तपोमय, तपोमूर्ति, तपोव्रत, तापस।

तपोवन—आश्रम, तपोभूमि, तपोलोक, साधनास्थल।

तलवार—असि, करवाल, कृपाण, खड्‌ग, खाँडा, तेग, शमशीर।

तारा—उडु, गक्ष, तारक, तारिक, नक्षत्र, सितारा।

तालाब—जलाशय, झील, तड़ाग, तलैया, ताल, पुष्कर, पोखर, सर, सरोवर, ह्रद।

तीर्थंकर—अर्हत, अर्हन्, अर्हंत, केवली, जिन, जिनेंद्र, जिनेश्वर।

तुल्य—सदृश, सम, समकक्ष, समान, समरूप, समतुल्य।

तुल्यता—समता, समत्व, समरूपता, समानता, सादृष्य, साधर्म्य, साम्य।

तेजस्वी—कांतिमान्, तेजयुक्त, तेजवान्, तेजोमय।

तोता—कीर, मिट्ठू, शुक, सुआ, सुग्गा।

थोड़ा—अल्प, ईषत्, कम, किंचित्, कुछ, जरा, तनिक, नगण्य, न्यून, परिमित, रंच, रंचक, लेश, स्वल्प।

दर्पण—आईना, आदर्श, आरसी, मुकुर, शीशा।

दावानल—दव, दाव, दावाग्नि, वनवह्नि, वनाग्नि।

दिन—अहः, दिवस, दिवा, वार, वासर।

दिशा—आशा, ओर, ककुभ, काष्ठा, सिम्त।

दीपक—चिराग, दिया, दीप, दीया, प्रदीप।

दीप्ति—आभा, आलोक, उज्ज्वलता, ज्योति, द्युति, प्रकाश, प्रभा, भास्वरता, विभा।

दीवाली—दीपदानोत्सव, दीपमाला, दीपमालिका, दीपावली, दीपोत्सव।

दुःख/दुख—आर्ति, अवसाद, कष्ट, क्लेश, तकलीफ, ताप, दर्द, पीड़ा, विषाद, वेदना, व्याधा, शूल, संताप।

दुःखद—अवसादजनक, कष्टकर, कष्टदायक, कष्टप्रद, क्लेशप्रद, त्रासद, दर्दनाक, दुःखदायी, दुःखप्रद, पीड़क, पीड़ाप्रद, विषादजनक, वेदनाप्रद, व्यथादायक, शूलप्रद, संतापक।

दुःखी/दुखी—अनमना, अन्यमनस्क, अप्रसन्न, आर्त, उदास, कष्टग्रस्त, क्लेशयुक्त, ग्लानियुक्त, क्षुब्ध, तप्त, त्रस्त, दुखिया, दुःखार्त, पीड़ित, विषण्ण, विषादग्रस्त, व्यथित, संतप्त, संत्रस्त।

दुराचार—अधर्म, अनाचार, आचरणहीनता, आचारभ्रष्टता, कदाचार, कुकर्म, दुष्कर्म, बदचलनी, भ्रष्टाचार, व्यभिचार।

दुराचारी—अधर्मी, अनाचारी, आचरणहीन, आचरणशून्य, आचारभ्रष्ट, कदाचारी, कुकर्मी, कुचाली, कुमार्गी, चरित्रहीन, दुष्कर्मी, दुष्ट, पापी, बदचलन, भ्रष्टाचारी, व्यभिचारी।

दुर्गा—पार्वती।

दुर्बल—अशक्त, असमर्थ, कमजोर, क्षीण, दुबला, निःशक्त, निर्बल, बलहीन, मरियल, शक्तिहीन, शिथिल, श्लथ, सामर्थ्यहीन।

दूध—क्षीर, गोरस, दुग्ध, पय (पयः), स्तन्य।

दृढ़—अचल, अटल, अटूट, अडिग, कड़ा, टिकाऊ, ध्रुव, निश्चल, पक्का, पुख्ता, पुष्ट, मजबूत, सख्त, स्थिर।

देवता—अमर, अमर्त्य, असुरारि, आदितेय, गीर्वाण, त्रिदश, दनुजारि, दानवारि, देव, दैत्यादि, विबुध, सुर।

देह—कलेवर, काया, चोला, जिस्म, तन, पिंड, बदन, वपु, शरीर।

दैत्य—असुर, दनुज, दानव, दितिसूत, पूर्वदेव, राक्षस।

दोष—अपराध, अवगुण, ऐब, कमी, कलंक, कसूर, खता, खराबी, खोट, गलती, जुर्म, त्रुटि, दुर्गुण, दूषण, धब्बा, नुक्श, पाप, बुराई, लांछन, विकार, विकृति।

दोषयुक्त—अपराधी, अवगुणी, कलंकी, कसूरवार, खतावार, खराब, त्रुटियुक्त, दूषित, दोषी, मुजरिम, पापी, बुरा, भ्रष्ट, विकृत।

दोषरहित—अवगुणरहित, त्रुटिरहित, त्रुटिहीन, दोषशून्य, दोषहीन, निरपराध, निर्दोष, निर्विकार, निष्कलंक।

द्रौपदी—कृष्णा, द्रुपदसुता, पंचालकुमारी, पांचाली, याज्ञसेनी।

द्वारपाल—चोबदार, चौकीदार, ड्योढ़ीदार, ड्योढ़ीवान, दरबान, दौवारिक, प्रतिहार, प्रतिहारी, प्रतीहार।

धन—अर्थ, गक्थ, गद्धि, दाम, दौलत, द्रव्य, पूँजी, पैसा, मुद्रा, रकम, रिक्थ, रुपया, लक्ष्मी, वसु, वित्त, हिरण्य।

धनी—अमीर, गद्ध, ऐश्वर्यवान, ऐश्वर्यशाली, दौलतमंद, धनकुबेर, धनपति, धनवान्, धनाढ्य, धनिक, मालदार, मालामाल, रईस, लक्ष्मीपति, लक्ष्मीवान्, वैभवशाली, श्रीमंत, समृद्ध, संपन्न, सेठ।

धर्मात्मा—धर्मनिष्ठ, धर्मप्रवण, धर्मबुद्धि, धर्मशील, धर्मिष्ठ, धर्मी, धार्मिक, पुण्यात्मा।

धाँधली—अनीति, अंधेर, अंधेरगर्दी, धाँधलेबाजी, धोखेबाजी, स्वेच्छाचारिता।

धीर—तितिक्षु, धैर्यवान्, धैर्यशील, सहनशील, सहिष्णु।

धूर्त—कपटी, कुटिल, खल, चालबाज, चालाक, छलिया, छली, ठग, दगाबाज, धोखेबाज, प्रवंचक, फरेबी, मायावी, वंचक, विश्वासघाती।

ध्वनि—आवाज, घोष, नाद, निनाद, निर्घोष, रव, स्वर।

ध्वन्यर्थ—गूढ़ार्थ, ध्वनितार्थ, व्यंग्यार्थ, व्यंतिजार्थ।

ध्वस्त—खंडित, जीर्ण, जीर्ण-शीर्ण, धराशायी, नष्ट, नष्ट-भ्रष्ट, विध्वस्त।

नगर—नगरी, पट्टन, पत्तन, पुर, पुरी, शहर।

नग्न—दिगंबर, नंगधड़ंग, नंगा, निर्वसन, निर्वस्त्र, वस्त्रहीन, विवस्त्र।

नदी—आपगा, कगोलिनी, तटिनी, तटी, तरंगिणी, दरिया, निम्नगा, पयस्विनी, प्रवाहिनी, शैवालिनी, सरिता, सलिला, स्रोतस्विनी।

नश्वर—अनित्य, अस्थायी, क्षणभंगुर, क्षयिष्णु, क्षर, मरणशील, नाशवान्, नाशशील।

नाट्यगृह—नाटकगृह, नाटकघर, नाट्यभवन, नाट्यशाला, नाट्यागार, प्रेक्षागृह, रंगभूमि, रंगशाला।

नाद—आवाज, कूज, गर्जन, ध्वनि, निनाद, निस्वन, गूँज, निर्घोष, रव, स्वर।

नाविक—कर्णधार, केवट, खिवैया, खेवट, मगाह, माँझी।

नाशक—अंतक, अंतकारी, उन्मूलक, घातक, घाती, ध्वंसक, ध्वंसी, नाशकारी, विध्वंसक, विध्वंसी, विनाशक, विनाशकारी, संहारक, हंता।

निकट—आसन्न, आसपास, करीब, नजदीक, पास, सन्निकट, समीप।

निद्रा—तंद्रा, नींद, सुप्ति, सुषुप्ति, स्वाप।

निंदा—अपकीर्ति, अपयश, कुख्याति, कुत्सा, गर्हणा, धिक्कार, परिवाद, बदनामी।

निपुण—अभिज्ञ, उस्ताद, कार्यकुशल, कार्यक्षम, चतुर, दक्ष, निष्णात, पटु, प्रगल्भ, प्रवीण, माहिर, विज्ञ, सिद्धहस्त, सुविज्ञ, होशियार।

निरक्षर—अनपढ़, अपढ़, अशिक्षित, जाहिल, बेइल्म, विद्याहीन, विद्याविहीन।

निरंकुश—निर्बंध, मुक्त, स्वच्छंद, स्वतंत्र।

निरंतर—अजस्र, अविच्छिन्न, अविरल, अविराम, बराबर, लगातार, सतत।

निराश—आशारहित, उत्साहहीन, नाउम्मीद, निरुत्साह, भग्नाश, मायूस, विषण्ण, विषादग्रस्त, विषादयुक्त, हताश, हतोत्साह।

निराशा—उत्साहहीनता, नाउम्मीदी, नैराश्य, मायूसी, विषण्णता, विषादग्रस्तता, विषादयुक्तता, हताशा।

निर्झर—चश्मा, जलप्रपात, झरना, प्रस्रवण, प्रपात।

निर्धन—अकिंचन, कंगाल, कँगला, गरीब, टुटपूँजिया, दरिद्र, दीन, धनहीन, रंक।

निर्धनता—अकिंचनता, कंगाली, क्षुद्रता, गरीबी, दरिद्रता, दारिद्र्य, दीनता, दैन्य, धनहीनता।

निश्चित—असंदिग्ध, ठीक, तय, नियत, निर्धारित।

निश्छल—ईमानदार, कपटरहित, खरा, छलरहित, निष्कपट, सच्चा, सत्यनिष्ठ, सरल, सीधा, सीधा-सच्चा।

निश्छलता—ईमानदारी, कपटरहितता, खरापन, छलरहितता, छलशून्यता, निष्कपटता, सच्चापन, सीधापन।

नृत्य—तांडव, नर्तन, नाच, लास्य।

नौकर—अनुचर, कर्मचारी, किंकर, खादिम, खिदमतगार, चाकर, टहलुआ, दास, परिकर्मी, परिचारक, भृत्य, मुलाजिम, सेवक।

नौकरानी—अनुचरी, किंकरी, खादिमा, दासी, परिचारिका, बाँदी, सेविका।

पक्षी—खग, चिड़िया, द्विज, नीडज, नीडोद्भव, पतंग, पखेरू, पंछी, पाखी, विहग, विहंग, विहंगम, शकुन, शकुंत।

पति—कांत, खसम, गृहस्वामी, घरवाला, खाविंद, दूल्हा, नाथ, पिय, पिया, पीतम, पुरुष, प्राणनाथ, प्राणवल्लभ, प्राणेश्वर, प्रिय, प्रियतम, प्रीतम, बालम, भर्ता, भर्तार, मर्द, मालिक, मियाँ, शौहर, सजन, सजना, सहचर, साजन, सैयाँ, स्वामी, हृदयेश, हृदयेश्वर।

पत्ता—दल, पत्ती, पत्र, पर्ण, पल्लव, पात।

पत्नी—अंकशायिनी, अर्धांगिनी, औरत, कलत्र, कांता, गृहलक्ष्मी, गृहस्वामिनी, गृहिणी, गेहिनी, घरनी, घरवाली, जाया, जीवनसंगिनी, जोरू, तिय, तिरिया, दयिता, दुलहन (दुलहिन/दुल्हन/दुल्हिन), धर्मपत्नी, परिणीता, प्राणवल्लभा, प्राणेश्वरी, प्रिया, प्रियतमा, बन्नी, बन्नो, बहू, बीवी, भार्या, लुगाई, वधू, वनिता, वल्लभा, वामांगना, वामांगिनी, श्रीमती, सजनी, सहगामिनी, सहचरी, सहधर्मिणी, स्त्री, हृदयेश्वरी।

पथ—डगर, पगडंडी, बाट, मग, मार्ग, रास्ता, राह, वर्त्स, सरणि, सरणी।

पथिक—यात्री, राहगीर, राही, पंथी।

परतंत्र—अधीनस्थ, गुलाम, पराधीन, शासित।

परतंत्रता—अधीनता, गुलामी, पराधीनता।

परमात्मा—ईश्वर।

परंपरागत—अनुश्रुत, आनुवंशिक, परंपरानुकूल, पारंपरिक, पारंपरीय, प्रथानुकूल, यथानुपूर्व, रीतिगत, रीत्यनुसार, रूढ़, वंशानुगत।

पराग—किंजल्क, पुष्पधूलि, पुष्पराज।

परिश्रम—अध्यवसाय, दौड़-धूप, पुरुषार्थ, मेहनत, श्रम।

परिहास—चुहल, ठट्ठा, ठिठोली, दिल्लगी, मखौल, मजाक, मसखरी, विनोद, हँसी, हँसी-खेल, हँसी-ठट्ठा, हँसी-दिल्लगी, हँसी-मजाक, हास्य-विनोद।

परोपकारार्थ—खैराती, जनहितार्थ, जनार्थ, धर्मार्थ, परहितार्थ, परार्थ, लोकोपकारार्थ।

पर्याप्त—काफी, पुष्कल, प्रचुर, प्रभूत, बहुत, भरपूर, यथेष्ट, विपुल।

पर्याय—एकार्थबोधक, एकार्थवाचक, एकार्थवाची, एकार्थी, पर्यायवाची, समानार्थी, समार्थी।

पर्वत—अचल, अद्रि, कूट, गिरि, धराधर, नग, पहाड़, पहाड़ी, भूधर, महीधर, शृंगी, शैल।

पवन—अनिल, गंधवह, गंधवाह, जगत्प्राण, पव, पवमान्, मरुत्, मातरिश्वा, मारुत, वात, वायु, समीर, समीरण।

पशु—चतुष्पद, चौपाया, जानवर, डंगर, ढोर, मवेशी।

पश्चात्—अनंतर, उपरांत, पीछे, बाद।

पहनावा—कपड़े, परिधान, पोषाक, लिबास, वस्त्र, वेश, वेष।

पागल—उन्मत्त, जुनूनी, दीवाना, बावला, मजनू, विक्षिप्त, सिरफिरा।

पाताल—अधोभुवन, अधोलोक, नागलोक, अलिसदन, रसातल।

पानी—अप, अंबु, अंभ, आब, उदक, क्षीर, जल, जीवन, तोय, नीर, पय, पाथ, वारि, सलिल।

पाप—अध, अधर्म, अपकर्म, अपकृत्य, अपुण्य, कल्मष, कलुष, किल्विष, कुकर्म, गुनाह, दुरित, दुष्कर्म, दुष्कृत, दुष्कृत्य, पातक।

पापी—अधी, अधर्मी, अपकर्मी, कुकर्मी, गुनहगार, दुरात्मा, दुष्कर्मी, दुष्ट, दुष्टात्मा, पातकी, पापकर्मी, पापात्मा, पामर।

पार्वती—अन्नपूर्णा, अपराजिता, अपर्णा, अंबा, अंबिका, आर्या, ईशा, ईशानी, ईश्वरी, उमा, कामेश्वरी, काली, कुमारी, गिरिजा, गौर, गौरा, गौरी, चंडिका, चंडी, त्रिपुरसुंदरी, त्रिपुरा, त्र्यंबिका, दाक्षायणी, दुर्गा, परमेश्वरी, भवानी, भुवनेश्वरी, महादेवी, महाविद्या, महाशक्ति, महिषासुरमर्दिनी, माहेश्वरी, मृडानी, रुद्राणी, रौद्री, ललिता, विजया, विंध्येश्वरी, शंकरी, शर्वाणी, शाकंभरी, शिवा, शैलजा, शैलपुत्री, सिंहवाहिनी, सौम्या, हेमवती।

पिता—अब्बा, जनक, जन्मदाता, पितृ, बाप, वालिद, काका।

पीड़ा—कष्ट, कसक, चसक, टीस, तकलीफ, दर्द, पीर, यंत्रणा, वेदना, व्यथा, शूल।

पुण्य—धर्म, श्रेय, सत्कर्म, सत्कार्य, सुकार्य, सुकृत, सुकृत्य।

पुण्यवान्—धर्मात्मा, पुण्यशील, पुण्यात्मा, सत्कर्मी, सुकृती।

पुत्र—अंगज, अपत्य, आत्मज, कुमार, तनय, तनुज, नंदन, बालक, बेटा, लड़का, लाल, वत्स, सुत, सूनु।

पुत्री—अंगजा, आत्मजा, कन्या, कुमारी, तनया, तनुजा, दुहिता, धी, बेटी, लड़की, सुता।

पूजक—अर्चक, आराधक, उपासक।

पूजनीय—अर्चनीय, अर्च्य, आराध्य, उपासनीय, उपास्य, पूजार्ह, पूज्य, वंदनीय, वंद्य।

पूजा—अर्चना, आराधना, इबादत, उपासना, पूजन, बंदगी, वंदना।

पृथक्—अलग, अलहदा, न्यारा, भिन्न, वियुक्त, विलग।

पृथ्वी—अचला, अवनि, अवनी, इला, क्षिति, जमीन, धरणी, धरती, धरा, धरित्री, पृथवी, भू, भूतल, भूमंडल, भूमि, मही, मेदिनी, वसुधा, वसुंधरा, वसुमती।

प्रकाश—आभा, आलोक, उजाला, कांति, ज्योति, तेज, दीप्ति, प्रदीप्ति, प्रभा, विभा।

प्रणाम—अभिवंदन, अभिवंदना, अभिवादन, आदाब, चरणवंदना, चरणस्पर्श, नमन, नमस्कार, नमस्ते, प्रणति, प्रणिपात, बंदगी, राम-राम, सलाम।

प्रथा—चलन, दस्तूर, परिपाटी, रस्म, रिवाज, रीति, विधि।

प्रबंध—इंतजाम, बंदोबस्त, व्यवस्था।

प्रभा—कांति, चमक, छबि, छवि, दीप्ति, द्युति, भा, विभा।

प्रभात—उषःकाल, उषाकाल, प्रत्यूष, प्रातःकाल, सबेरा।

प्रमुख—अग्रणी, अग्रगण्य, नायक, नेता, प्रधान, मुख्य, वरेण्य, श्रेष्ठ, सर्वोच्च।

प्रयत्न—अध्यवसाय, उद्यम, उद्योग, कोशिश, चेष्टा, दौड़-धूप, प्रयास, यत्न।

प्रशंसा—गुणकीर्तन, गुणगान, गुणानुवाद, तारीफ, प्रशस्ति, बड़ाई, महिमागान, यशोगान, विरुदगान, श्लाघा, सराहना, साधुवाद, स्तव, स्तवन।

प्रसिद्ध—अग्रगण्य, कीर्तिवान्, कीर्तिशाली, ख्यात, ख्यातिप्राप्त, गणमान्य, नामवर, नामी, प्रख्यात, प्रतिष्ठित, मशहूर, माननीय, यशवान्, यशस्वी, लब्धप्रतिष्ठ, विख्यात, विश्रुत, स्वनामधन्य।

प्राप्त—अर्जित, उपलब्ध, उपार्जित, लब्ध, हस्तगत, हासिल।

प्रिया—चहेती, दिलरुबा, प्यारी, प्रणयिनी, प्राणवल्लभा, प्राणेश्वरी, प्रियतमा, प्रेमिका, प्रेयसी, वल्लभा, संगिनी, सजनी, हृदयेश्वरी। (दे. 'पत्नी' भी)

प्रेम—अनुरक्ति, अनुराग, आसक्त, इश्क, चाह, प्यार, प्रणय, प्रीति, मुहब्बत, मोह, रति, राग, लगाव, लौ।

प्रेमी—अनुरक्त, अनुरागी, चितचोर, दिलदार, दिलबर, प्रणयी, मनभावन, महबूब, रसिक, रागी, वल्लभ, सनम, साजन, स्नेही। (दे. 'पति' भी)

फटकार—घुड़की, झाड़, झिड़की, डपट, डाँट, डाँट-डपट, ताड़ना, दुत्कार, प्रताड़ना, भर्त्सना, लताड़।

फूल—कुसुम, गुल, पुष्प, प्रसून, सुमन।

बड़वानल—बड़वाग्नि, बाड़वाग्नि, बाड़वानल, समुद्राग्नि।

बंदर—कपि, कीश, तरुमृग, मर्कट, वानर, शाखामृग।

बलराम—बलदाऊ, बलदेव, बलभद्र, मुसली, राम, रेवतीरमण, रेवतीश रोहिणीनंदन, रौहिणेय, संकर्षण, हलधर, हलायुध, हली।

बलिष्ठ—ऊर्जस्वी, ताकतवर, दमदार, परिपुष्ट, पुष्ट, बलवान्, बलशाली, बली, मजबूत, शक्तिमान्, शक्तिशाली, सबल, सशक्त, हट्टा-कट्टा, हृष्ट-पुष्ट।

बादल—अभ्र, अंबुद, अंबुधर, घन, जलद, जलधर, धाराधर, नीरद, पयोद

पर्जन्य, मेघ, वारिद, वारिधर।

बाधा—अटकाव, अड़ंगा, अड़चन, अवरोध, रुकावट, रोक, व्यवधान, व्याघात।

बालक—अर्भक, कुमार, बच्चा, बाल, लड़का, शिशु।

बाल्यकाल—बचपन, बाल्यावस्था, लड़कपन, शैशव।

बिजली—अशनि, क्षणप्रभा, क्षणिका, चंचला, चपला, तड़ित, दामिनी, वज्र, विद्युत्, शंपा, सौदामिनी।

बुद्ध—अमिताभ, तथागत, बोधिसत्व, शाक्यसिंह, शास्ता, शुद्दोधनसुत, सुगत।

बुद्धि—अक्ल, दिमाग, धी, प्रज्ञा, मति, मनीषा, मेधा, विवेक, समझ, समझ-बूझ, सूझ-बूझ।

बुद्धिमत्ता—अक्लमंदी, कुशाग्रता, प्रज्ञाशीलता, बुद्धिमानी, मनस्विता, विवेकशीलता, समझदारी, होशियारी।

बुद्धिमान्—अक्लमंद, कुशाग्र, कुशाग्रबुद्धि, चतुर, धीमान्, मतिमान, मनस्वी, मनीषी, मेधावी, विचक्षण, समझदार, सयाना, सुधी।

बृहस्पति—गुरु, जीव, देवगुरु, वागीश, वाचस्पति।

बैल—उक्षा, गषभ, पुंगव, बलीवर्द, वृशा, वृषभ।

ब्रह्मा—अज, चतुरानन, चतुर्मुख, धाता, परमेष्ठी, पितामह, विधाता, विधि, विरंच, विरिंच, विरिंची, सृष्टिकर्ता, स्वयंभू, हंसवाहन, हिरण्यगर्भ।

भय—आतंक, आशंका, खौफ, डर, त्रास, दहशत, भीति, संत्रास।

भयंकर—उग्र, कराल, खतरनाक, खौफनाक, घोर, डरावना, दारुण, भयानक, भयावना, भयावह, भीषण, भैरव, रोमहर्षक, विकट, विकराल।

भयंकरता—उग्रता, भयानकता, भयावहता, भीषणता, विकटता, विकरालता।

भयभीत—आतंकित, त्रस्त, भयाकुल, भयाक्रांत, भयातुर, भीत, संत्रस्त।

भाग—अंश, अंग, अवयव, कांड, खंड, टुकड़ा, टूक, हिस्सा।

भाग्य—किस्मत, तकदीर, दैव, नसीब, नियति, प्रारब्ध, भावी, मुकद्दर।

भाग्यवान्—खुशकिस्मत, खुशनसीब, बड़भागी, भाग्यशाली, सौभाग्यवान्, सौभाग्यशाली।

भाग्यहीन—अभागा, दुर्भाग्यशाली, बदकिस्मत, बदनसीब।

भाग्यहीनता—अभाग्य, दुर्भाग्य, दुर्दैव, बदकिस्मती, बदनसीबी।

भाषण—तकरीर, प्रवचन, वक्तव्य, वक्तृता, व्याख्यान।

भाषणकर्ता—प्रवचनकार, भाषणदाता, वक्ता, व्याख्यानकर्ता, व्याख्यानदाता।

भाषणकला—भाषणपटुता, वदान्यता, वाक्चातुरी, वाक्पटुता, वाग्मिता, वाग्विदग्धता।

भाषणपटु—वाक्चतुर, वाग्विदग्ध, वाग्मी, सुवक्ता।

भिक्षुक—भिक्षु, भिक्षोपजीवी, भिखमंगा, भिखारी, मँगता, याचक।

भिन्न—अन्य, अलग, इतर, गैर, दूसरा।

भिन्नता—अंतर, असमानता, फर्क, भेद, विषमता, वैषम्य।

भिन्न-भिन्न—अलग-अलग, पृथक्-पृथक्, विभिन्न, विविध।

भूमिका—आमुख, उपोद्घात, पीठिका, पुरोवाक्, पृष्ठभूमि, प्रस्तावना, प्राक्कथन।

भोजन—आहार, खाद्य, खाद्यसामग्री, खाना, खुराक।

भ्रम—धोखा, भ्रांति, मतिभ्रम, मिथ्याप्रतीति, विभ्रम।

भ्रमर—अलि, चंचरीक, द्विरेफ, भृंग, भौंरा, मधुकर, मधुप, मिलिंद, षट्पद।

मंगल ग्रह—अंगारक, कुज, धरणीसुत, भूमिसुत, भौम।

मजदूर—कामकर, कामगार, दिहाड़ीदार, मेहनतकश, श्रमजीवी, श्रमिक।

मधुरता—मधुरिमा, माधुरी, माधुर्य, मिठास, मीठापन।

मन—अंतःकरण, अंतर, अंतरात्मा, अंतर्मन, अंतस्, चित्त, जी, दिल, मानस, हिय, हृदय।

मनुष्य—आदमी, इनसान, जन, नर, पुरुष, मनुज, मर्त्य, मानव, लोक, व्यक्ति, शख्स।

मंदिर—ठाकुरद्वारा, ठाकुरबाड़ी, देवमंदिर, देवस्थान, देवालय, शिवालय।

मांगलिक—कल्याणकारक, कल्याणकारी, मंगलकारक, मंगलकारी, मंगलमय, मंगलसूचक, शुभ, सौभाग्यकारी।

माता—अंब, अंबा, अंबिका, अम्मा, जननी, जन्मदात्री, महतारी, माँ, मातु, मातुका, मातेश्वरी, मैया।

मित्र—(क) पु. : अंतरंग, गुइयाँ, दोस्त, मीत, यार, सखा, संगी, सहचर,

सहचरी, साथी, सुहृदय, हमजोली। (ख) स्त्री. : अंतरंग, आली, गुइयाँ, दोस्त, सखी, सजनी, सहचरी, साथिन, सुहृद, हमजोलिन।

मुख—आनन, चेहरा, मुखड़ा, मुँह, वदन, शक्ल, सूरत।

मूर्ख—अज्ञ, अज्ञानी, अनाड़ी, अबोध, अहमक, कमअक्ल, गोबरगणेश, घोंघाबसंत, जड़, जड़बुद्धि, जड़मति, जाहिल, नादान, नासमझ, निर्बुद्धि, बुद्धिहीन, बेवकूफ, बेसमझ, भोंदू, मंदबुद्धि, मंदमति, मूढ़, मूढ़मति।

मूर्खता—अज्ञता, अज्ञान, अनाड़ीपन, अबोधता, अहमकपन, कमअक्ली, जड़ता, जाड्य, नासमझी, बुद्धिहीनता, बेवकूफी।

मूर्ति—अनुकृति, प्रतिकृति, प्रतिमा, प्रतिरूप, बुत, विग्रह।

मृत—(क) कैलासवासी, गोलोकवासी, दिवंगत, नामशेष, निर्वाणप्राप्त, परेत, प्रेत, ब्रह्मलीन, यश:शेष, बैकुंठवासी, स्वर्गवासी, स्वर्गस्थ, स्वर्गीय। (ख) निर्जीव, निष्प्राण, बेजान, बेदम, मुर्दा।

मृत्यु—अंत, अवसान, काल, कैलासवास, गोलोकवास, देहत्याग, देहपात, देहांत, देहावसान, निधन, निपात, निर्वाण, परलोकगमन, प्राणांत, मरण, महानिद्रा, महाप्रस्थान, महायात्रा, मोक्ष, मौत, शरीरत्याग, शरीरपात, शरीरांत, स्वर्गवास, स्वर्गारोहण।

मेघमाला—कादंबिनी, घटा, घटाटोप, घनमाला, मेघाडंबर, मेघावली।

मेंढक—दर्दुर, दादुर, भेक, मंडूक।

मोक्ष—अपवर्ग, अमरपद, अमृतत्व, कैवल्य, निर्वाण, परमपद, परिनिर्वाण, ब्रह्मपद, मुक्ति।

मोर—अहिरिपु, कलापी, केकी, नीलकंठ, बर्ही, मयूर, शिखी, सर्पभक्षी, सारंग।

मोरपंख—कलाप, पिच्छ, बर्ह।

यज्ञ—अध्वर, क्रतु, मख, मेध, यज्य, याग, सव, स्तोम।

यमराज—अंतक, कृतांत, धर्मराज, महिषध्वज, महिषवाहन, मृत्युदेव।

यमुना—कालिंदजा, कालिंदी, भानुजा, यमानुजा, सूर्यजा, सूर्यतनया, सूर्यपुत्री।

यश—कीर्ति, ख्याति, नाम, प्रतिष्ठा, प्रसिद्धि, बड़ाई, मशहूरी, शोहरत, सुख्याति, सुनाम, सुप्रतिष्ठा, सुयश।

यशस्वी—उत्तमश्लोक, कीर्तिवान, ख्यात, ख्यातनामा, ख्यातिप्राप्त, नामवर,

नामी-गिरामी, नेकनाम, पुण्यश्लोक, प्रख्यात, प्रतिष्ठित, प्रसिद्ध, मशहूर, यशी, यशोधर, विख्यात, सुख्यात, सुप्रसिद्ध।

यात्रा—देशाटन, पर्यटन, प्रवास, भ्रमण, सफर।

यात्री—पथिक, पंथी, पर्यटक, पांथ, बटाऊ, बटोही, मुसाफिर, राहगीर, राही।

युद्ध—जंग, जूझ, झगड़ा, टक्कर, द्वंद्व, रण, लड़ाई, विग्रह, संगर, संग्राम, संघर्ष, समर, समाह्वय।

युद्धभूमि—मैदानेजंग (मैदान-ए-जंग), युद्धक्षेत्र, युद्धस्थल, रणक्षेत्र, रणभूमि, रणस्थल, वीरभूमि, संग्रामभूमि, समरभूमि, समरांगण।

युवक—जवान, तरुण, नवयुवक, नौजवान, युवा, वयस्क।

युवती—तरुणी, नवयुवती, नवयौवना, प्रमदा, प्राप्तयौवना, वयस्का।

युवराज—कुमार, राजकुमार, राजकुँवर, राजपुत्र, शहजादा, शाहजादा।

योग्य—(क) अधिकारी, उपयुक्त, काबिल, कार्यक्षम, कुशल, गुणवान्, दक्ष, निपुण, पटु, पात्र, प्रवीण, लायक। (ख) उचित (दे.)। (ग) समर्थ, सशक्त, सामर्थ्यवान्।

यौवन—जवानी, तरुणाई, तारुण्य, युवावस्था।

रसिक—काव्यमर्मज्ञ, काव्यरसिक, रसमर्मज्ञ, संवेदनशील, सहृदय।

रहस्य—भेद, मर्म, राज।

रहस्यमय—गहन, गुप्त, गूढ़, निगूढ़, भेदपूर्ण, मर्मपूर्ण, रहस्यपूर्ण, रहस्ययुक्त, रहस्यात्मक।

राक्षस—असुर, कौणप, दानव, दैत्य, निषाचर, नैगत, यातुधात, रक्ष।

राजा—अवनिपति, क्षितीश, छत्रपति, नरेंद्र, नरेश, नृप, नृपति, पृथ्वीपति, बादशाह, भूप, भूपति, भूपाल, महीप, महीपति, लोकेश, शाह, सुलतान।

रात्रि—क्षणदा, क्षपा, तमा, तमिस्रा, दोषा, निशा, निशि, निशीथिनी, यामिनी, रजनी, राका, रात, रैन, विभावरी, शर्वरी। विशेष-राका=पूर्णिमा की रात्रि। तमिस्रा= अँधेरी रात या अमावस्या की रात।

राधा—कीर्तिकिशोरी, कृष्णप्रिया, राधिका, ब्रजरानी, वृषभानुजा, वृषभानुनंदिनी।

राम—कौसल्यानंदन, खरारि, जानकीनाथ, जानकीपति, दशरथसुत, दाशरथि, मर्यादापुरुषोत्तम, रघुनंदन, रघुनाथ, रघुपति, राघव, राघवेंद्र, रामचंद्र, रामभद्र, रावणारि,

सियापति, सियावर, सीतानाथ, सीतापति, सीतारमण, सीतावल्लभ।

रुचि—अभिरुचि, दिलचस्पी, रुझान, प्रवृत्ति, शौक।

रेगिस्तान—मरु, मरुथल, मरुदेश, मरुधर, मरुभूमि, मरुस्थल।

रोक—अवरोध, निषेध, पाबंदी, प्रतिबंध, प्रतिषेध, बंदिश, बाधा, मुमानियत, मनाही, रुकावट, रोक-टोक, रोक-थाम, विघ्न।

रोग—बीमारी, मर्ज, रुज, विकार, व्याधि।

रोगी—अस्वस्थ, बीमार, मरीज, रुग्ण, रोगग्रस्त, रोगातुर, रोगार्त, व्याधिग्रस्त।

लक्ष्मी—इंदिरा, ईश्वरी, कमला, नारायणी, पद्मालया, रमा, लोकमाता, विष्णुपत्नी, विष्णुप्रिया, श्री, सिंधुजा, हरिप्रिया, हरिवल्लभा।

लज्जा—लाज, व्रीडा, शर्म, संकोच, हया, हूरी।

लज्जाजनक—अकीर्तिकर, अकीर्तिकारक, अपमानजनक, अपयशकारी, शर्मनाक।

लज्जाशील—लजीला, लज्जालु, लज्जावान्, शर्मीला, संकोची, सलज्ज, हयादार।

लज्जाहीन—निर्लज्ज, बेशर्म, बेहया।

लता—लतिका, वल्लरी, वगी, वीरुध, वीरुधा।

लपट—अग्निजिह्वा, अग्निज्वाला, अग्निशिखा, अर्चि, आँच, ज्वाला, लौ, शिखा।

लहर—उर्मि, ऊर्मि, कलोल, तरंग, मौज, लहरी, वीचि, हिलोर।

लोभ—तृष्णा, प्रलोभन, लालच, लिप्सा, हवस।

वज्र—अशनि, कुलिश, पवि, शतधार।

वन—अटवी, अरण्य, कानन, कांतार, जंगल, दव, दाव, बन, विपिन।

वरुण—जलदेव, जलदेवता, पाशपाणि, प्रचेतस।

वर्ष—अब्द, बरस, वत्सर, संवत्सर, साल।

वसंत—ऋतुपति, ऋतुराज, कामसखा, कुसुमाकर, बहार, मधुऋतु।

वस्त्र—अंबर, कपड़ा, कपड़े, चीर, जामा, पट, परिधान, पहनावा, पोशाक, लिबास, वसन।

वास्तविकता—असलियत, तथ्य, यथार्थता, सच्चाई, सत्य।

विकलांग—अंगहीन, अपंग, अपाहिज, लुंज-पुंज, लूला-लँगड़ा, विकलेंद्रिय, हीनांग।

विद्वान्—आलिम, कोविद, ज्ञानवान, ज्ञानी, पंडित, प्रबुद्ध, प्रज्ञ, मनीषी, विलक्षण, विज्ञ, विशारद, सूरि।

विनय—(क) अनुनय, अनुरोध, अभ्यर्थना, अर्ज, खुशामद, गुजारिश, निवेदन, प्रार्थना, विनती। (ख) नम्रता, विनम्रता, शालीनता, शिष्टता, सुशीलता, सौम्यता, सौम्यत्व।

विनियम—अदल-बदल, अदला-बदली, आदान-प्रदान, लेन-देन।

विंध्याचल—विंध्यगिरि, विंध्यपर्वत, विंध्याद्रि।

विपत्ति—आपत्ति, आपदा, आफत, परेशानी, मुसीबत, विपदा, विपद्, संकट।

विरुद्ध—उलटा, खिलाफ, प्रतिकूल, विपरीत, विमुख।

विलोम—विपरीतार्थक, विपरीतार्थी, विपर्याय।

विषाल—प्रशस्त, बड़ा, बृहत्, विस्तीर्ण, विस्तृत, वृहत्, व्यापक।

विश्वप्रसिद्ध—जगत्प्रसिद्ध, लोकप्रसिद्ध, लोक-विख्यात, विश्वविख्यात, विश्वविश्रुत, संसारप्रसिद्ध, सुप्रसिद्ध, सुविख्यात।

विश्वसनीय—भरोसेमंद विश्वासपात्र, विश्वासभाजन, विश्वासयोग्य।

विश्वास—आस्था, एतबार, प्रतीति, प्रत्यय, भरोसा, यकीन।

विश्वासघात—दे. छल।

विश्वासघाती—दे. छली।

विष्णु—अच्युत, उपेंद्र, कमलनाभ, कमलाकांत, कमलापति, कमलेश, केशव, कैटभारि, गरुड़ध्वज, गरुड़वाहन, गोविंद, चक्रपाणि, जगन्नाथ, जनार्दन, त्रिविक्रम, नारायण, पद्मनाभ, पुंडरीकाक्ष, पुराणपुरुष, पुरुषोत्तम, माधव, मुकुंद, यज्ञपुरुष, रमाकांत, रमापति, रमेश, लक्ष्मीकांत, लक्ष्मीपति, वासुदेव, शंखपाणि, शार्गंपाणि, शेषशायी, श्रीकांत, श्रीनिवास, श्रीपति, श्रीवत्स, हरि, हृषीकेष।

वीर—पराक्रमी, बहादुर, योद्धा, विक्रमी, विक्रांत, शूर, शूरवीर, सूरमा।

वीरता—पराक्रम, बहादुरी, विक्रम, शूरता, शूरवीरता, शौर्य, सूरमापन।

वृक्ष—तरु, दरख्त, द्रुम, पर्णी, पादप, पेड़, पुष्पद, बूटा, विटप।

वृद्ध—जरठ, जराग्रस्त, जर्जर, जीर्ण, डोकर, बड़ा-बूढ़ा, बुजुर्ग, बुड्ढा, बूढ़ा, वयोवृद्ध, स्थविर।

वृद्धत्व—जरा, बुजुर्गी, बुढ़ापा, वयोवृद्धता, वार्धक्य, वृद्धता, वृद्धावस्था।

वृद्धि—अभिवृद्धि, परिवर्धन, बढ़त, बढ़ती, बढ़ोतरी, वर्धन, विकास, विस्तार, संवर्धन।

वेश्या—गणिका, पतुरिया, रामजनी, रूपाजीवा, वारवधू, वारवनिता, वारविलासिनी, वारांगना।

वैभव—ऋद्धि, ऐश्वर्य, धन-दौलत, धन-संपत्ति, लक्ष्मी, विभूति, श्री, समृद्धि, संपत्ति, संपत्, संपदा।

वैर—अदावत, दुश्मनी, विद्वेष, बैर, मनमुटाव, विरोध, वैमनस्व, शत्रुता, शत्रुभाव।

व्यंग्य—कटाक्ष, चुटकी, छींटा, छींटाकशी, ताना, फबती।

व्याभिचार—ऐयाशी, छिनाला, दुराचार, दुश्चरित्रता, पापाचार, बदचलनी।

व्यभिचारिणी—असती, कामुकी, कुलटा, चरित्रहीना, छिनाल, जारिणी, दुराचारिणी, दुष्चरित्रा, परपुरुषगामिनी, पुंश्चली, भ्रष्टा, लुच्ची, स्वेच्छाचारिणी, स्वैरिणी, हरजाई।

व्याभिचारी—एय्याश, कामी, कामुक, चरित्रहीन, जार, छिनाल, दुराचारी, दुश्चरित्र, परस्त्रीगामी, बदचलन, लंपट, लुच्चा।

व्याकुल—अधीर, अशांत, आकुल, आतुर, उद्विग्न, उतावला, बेकल, बेकरार, बेचैन, बेताब, विकल, विक्षुब्ध, व्यग्र।

व्याकुलता—अकुलाहट, अधीरता, अशांति, आकुलता, आतुरता, उद्विग्नता, उतावलापन, छटपटाहट, तड़पन, बदहवासी, बेकली, बेकरारी, बेचैनी, बेताबी, बेसब्री, विकलता, व्यग्रता।

व्याख्या—अर्थ, टीका, भाष्य, मीमांसा, विवेचन, विवेचना, स्पष्टीकरण।

व्याख्याकार—अर्थकर्ता, टीकाकार, भाष्यकार, विवेचक, व्याख्याता।

शची—इंद्राणी, जयवाहिनी, पुलोमजा, पौलोमी।

शत्रु—अदि, दुश्मन, बैरी, प्रतिपक्षी, रिपु, विपक्षी, वैरी।

शत्रुता—अदावत, अनबन, खटपट, झगड़ा, बिगाड़, बैर, मनमुटाव, रंजिश, लड़ाई, लाग-डाँट, वैमनस्य, वैर, शत्रुभाव।

शनि (ग्रह)—असित, छायासुत, मंद, शनीचर, शनैश्चर, शौरि, सूर्यपुत्र, सौर, सौरि।

शराब—दारू, मदिरा, मद्य, मधु, वारुणी, सुरा, हाला।

शराबघर—मदिरालय, मद्यशाला, मधुशाला, शराबखाना।

शरीर—इंद्रियायतन, कलेवर, काया, क्षेत्र, गात, गात्र, जिस्म, तन, तनु।

शाश्वत—अक्षय, अक्षर, अजर-अमर, अटल, अनंत, अनादि, अनश्वर, अंतहीन, अमर, अमिट, अविनश्वर, अविनाशी, कालजयी, कालातीत, चिरजीवी, चिरंतन, चिरस्थायी, ध्रुव, नित्य, मृत्युंजय, सनातन, सार्वकालिक, स्थायी।

शिव—आशुतोष, ईश, ईशान, ईश्वर, उमापति, उमेश, कपर्दी, काशीनाथ, कैलासनाथ, गंगाधर, गिरिजापति, गिरीश, गौरीनाथ, गौरीपति, चंद्रचूड़, चंद्रभाल, चंद्रमौलि, चंद्रशेखर, त्रिनेत्र, त्रिपुरांतक, त्रिपुरारि, त्रिलोचन, त्रयंबक, धूर्जटि, नटराज, नीलकंठ, पंचमुख, पंचानन, पशुपति, पनाकी, भव, भूतनाथ, भूतेश, भूतेश्वर, भैरव, भोलानाथ, महादेव, महेश, महेश्वर, मृत्युंजय, रुद्र, वामदेव, विरूपाक्ष, विश्वनाथ, वृषभध्वज, वृषवाहन, व्योमकेश, शंकर, शंभु, शर्व।

शीघ्र—अविलंब, आशु, क्षिप्र, खटाखट, चटपट, जल्द, जल्दी, झट, झटपट, त्वरित, द्रुत, सत्वर।

शीघ्रगामी—अविलंबगामी, आशुगामी, क्षिप्रगामी, द्रुतगामी, सत्वरगामी।

शीघ्रता—आतुरता, आतुरी, आशुता, उतावलापन, उतावली, क्षिप्रता, जल्दी, त्वरा, द्रुतता।

शोकाकुल—शोकदग्ध, शोकसंतप्त, शोकातुर, शोकाभिभूत, शोकार्त।

श्रमण—अनागार, निर्ग्रंथ, भिक्षु, यति, यती।

श्रेष्ठ—अच्छा, उत्कृष्ट, उत्तम, निर्दोष, प्रशंसनीय, बढ़िया, वरेण्य, सर्वोत्तम, सर्वोपरि।

षड्यंत्र—अभिसंधि, कुचक्र, कूटयोजना, जाल, दुरभिसंधि, धोखा, साजिश।

संसार—चराचर, जग, जगत्, जहान, त्रिभुवन, त्रिलोक, दुनिया, धरती, धरित्री, भूलोक, भूमंडल, मर्त्यलोक, संसृति, सृष्टि।

सजावट—अलंकरण, टीम-टाम, बनाव-सिंगार, मंडन, श्रृंगार, सजधज, सजाव, सज्जा, साज-सँवार।

सत्य—असलियत, गत, तथ्य, यथार्थता, वास्तविकता, सच, सच्चाई।

सन्न्यास—चतुर्थाश्रम, प्रव्रज्या, फकीरी, भिक्षुत्व, यतिधर्म, वीतरागता, वैराग्य।

सन्न्यासिनी—जोगिन, जोगिनी, तपस्विनी, तापसी, परिव्राजिका, फकीरिन, भिक्षुणी, योगिनी, वीतरागिनी, वैरागिनी।

सन्न्यासी—चतुर्थाश्रमी, जती, जोगी, तपसी, तपस्वी, तापस, परिव्राजक, फकीर, भिक्षु, मुनि, यति, यती, योगी, विरागी, वीतरागी, वैरागी, संत, साधु।

सफेद—अवदात, उज्ज्वल, कपूरी, काफूरी, गौर, दूधिया, धवल, रुपहला, शुक्ल, शुभ्र, हिमाभ।

समानता—अनुरूपता, एकरूपता, बराबरी, समकक्षता, समता, समतुल्यता, समरूपता, सादृश्य, साधर्म्य, साम्य।

समाप्त—खत्म, नष्ट, निष्पन्न, पर्यवसित, पूरा, पूर्ण, संपन्न।

समाप्ति—अंत, अवसान, इति, खात्मा, नाश, निष्पन्नता, पर्यवसान, लोप, संहार, समापन।

समुद्र—अब्धि, अंबुधि, अंबुनिधि, अंभोनिधि, अर्णव, उदधि, श्रीरनिधि, जलधि, जलनिधि, तोयधि, तोयनिधि, नदीश, नदीश्वर, नीरधि, नीरनिधि, पयोधि, पयोनिधि, पाथोधि, पारावार, मकरालय, महार्णव, महोदधि, रत्नाकर, वरुणालय, वारिधि, वारीश, वीचिमाली, सरित्पति, सलिलेश, सागर, सिंधु।

संपूर्ण—अखंड, अखिल, अविकल, अशेष, आद्यंत, आद्योपांत, तमाम, निःशेष, निखिल, पूरा, पूर्ण, सकल, सब, सभी, समग्र, समस्त, समूचा, सर्वांगीण, सांगोपांग, सारा।

सम्मान—आदर, आबरू, इगत, कद्र, गौरव, प्रतिष्ठा, मान, श्रद्धा, समादर।

सरस्वती—इडा, इरा, इला, गिरा, ब्रह्मपुत्री, ब्राह्मी, भारती, वागीश्वरी, वाग्देवी, वाणी, विद्या, वीणापाणि, वीणावादिनी, शारदा, श्रुतदेवी, हंसवाहिनी।

सर्प—अकर्ण, अनिलाषी, अहि, उरग, नाग, पन्नग, फणधर, फणी, भुजंग, मणिधर, विषधर, व्याल, सारंग, साँप।

सहनशील—क्षमावान, क्षमाशील, गमखोर, तितिक्षु, धीर, धैर्यवान, धैर्यशील, सहिष्णु।

सहनशीलता—क्षमा, क्षमाभाव, क्षमावृत्ति, क्षमाशीलता, क्षांति, गमखोरी, तितिक्षा, धीरज, धृति, धैर्यशीलता, बर्दाश्त, सहिष्णुता।

सायंकाल—गोधूलिवेला, दिनांत, दिवसावसान, प्रदोषकाल, शाम, संध्या, संध्यकाल, सायम् (सायं), साँझ।

सावधान—खबरदार, चैतन्य, चौकन्ना, चौकस, जाग्रत, जागरूक, सजग, सतर्क, होशियार।

सिंह—केशरी, केसरी, केहरी, नाहर, पंचानन, मृगराज, मृगेंद्र, वनराज, शेर।

सीता—जनकतनया, जनकदुलारी, जनकनंदिनी, जनकसुता, जानकी, भूमिजा, भूमिसुता, मिथिलेशकुमारी, मैथिली, वैदेही।

सुख—आनंद, आराम, चैन, सौख्य।

सुखद—आनंदकर, आनंददाता, आनंददायी, आनंदप्रद, सुखकर, सुखकारी, सुखदाता, सुखदायी, सुखदायक, सुखप्रद, सौख्यप्रद।

सुखी—आनंदित, खुश, खुशहाल, प्रफुल्ल, प्रफुल्लित, प्रमुदित, प्रसन्न, प्रसन्नचित।

सुगंध—खुशबू, सुरभि, सुवास, सौरभ।

सुंदर—अच्छा, अभिराम, अभिरूप, अवलोकनीय, आकर्षक, आलीशान, कमनीय, कलित, कांत, काम्य, खूबसूरत, चारु, चित्ताकर्षक, चोखा, छबीला, दर्शनीय, दिलकश, दिव्य, धजीला, नयनाभिराम, प्यार, प्रशस्य, प्रिय, प्रियदर्शन, प्रियदर्शी, फबीला, बाँका, भव्य, मंजु, मंजुल, मनभावन, मनमोहन, मनहरण, मोहक, रमणीक, रमणीय, रम्य, रुचिर, रूपमय, रूपवान, ललाम, ललित, लावण्यमय, शानदार, शोभन, शोभायमान, श्रीमय, सजीला, सरस, सलोना, सुघड़, सुचारु, सुडौल, सुदर्शन, सुभग, सुरूप, सुहाना, सुहावना, सौम्य, हसीन, हृदयग्राही, हृदयहारी।

सुंदरता—अच्छाई, अभिरामता, कमनीयता, कांति, खूबसूरती, चारुता, चारुत्व, चोखापन, छटा, छबि, छबीलापन, धज, बाँकपन, भव्यता, मंजुता, मंजुलता, मधुरता, मधुरिमा, मनोज्ञाता, मनोरमता, मनोहरता, मनोहारिता, माधुरी, माधुर्य, मोहकता, रमणीयता, रम्यता, रुचिरता, रौनक, ललामता, लालित्य, लावण्य, शबाब, शोभा, श्री, सजीलापन, सरसता, सलोनापन, सुचारुता, सुडौलपन, सुभगता, सुषमा, सुहानापन, सुहावनापन, सौंदर्य, सौम्यता, सौष्ठव, हुस्न, हृदयग्राहिता, हृदयहारिता।

सुंदरी—गोरी, गौरांगी, चंद्रमुखी, छबीली, नाजनीन, परी, प्रियदर्शिनी, मीनाक्षी, मृगनयनी, रमणी, रूपवती, रूपसी, विधुवदनी, शोभना, सुदर्शना, सुनयना, सुभगा, सुमुखी, सुलोचना, हसीना।

सुमेरु—सुरनिलय, स्वर्णगिरि, हेमकूट, हेमाद्रि।

सुविधा—आसानी, सरलता, सहूलियत, सुकरता, सुगमता, सुभीता, सौकर्य।

सुशील—नम्र, विनम्र, विनीत, शालीन, शीलवान्, सच्चरित्र।

सूर्य—अंशुमान्, अंशुमाली, अरुणसारथि, अर्क, आदित्य, खग, तरणि, दिनकर, दिनमणि, दिनेश, दिवाकर, नलिनीपति, पतंग, पद्मबंधु, पद्मिनीनाथ, पूषा, प्रभाकर, भानु, भास्कर, मार्तंड, मित्र, मिहिर, रवि, विभाकर, विवस्वान्, सप्ताश्व, सविता, सहस्रांशु, सूरज, हंस, हरि।

सौंदर्यहीन—अनभिराम, अनाकर्षक, अरमणीय, अरोचक, असुंदर, आकर्षणहीन, कुरूप, शोभाहीन, बदसूरत, बेढंगा, भद्दा, भोंडा, सौष्ठवहीन।

स्त्री—(क) अंगना, अबला, औरत, नारी, महिला, मानवी, योषा, योषिता, रमणी, ललना, लुगाई, वनिता, वामा। (ख) पत्नी। (दे.)

स्थितप्रज्ञ—आत्मस्थ, स्थितधी, स्थिरचित्त, स्थिरधी, स्थिरबुद्धि, स्थिरमना, स्थिरात्मा।

स्वतंत्रता—आजादी, निर्बंधता, मुक्ति, विमुक्ति, स्वच्छंदता, स्वाधीनता।

स्वर्ग—अमरलोक, अमरालय, इंद्रलोक, त्रिविष्टप, द्वि, देवलोक, द्यौ, सुरपुर, सुरलोक, स्वर्लोक।

स्वर्ण—कंचन, कनक, कलधौत, कांचन, कुंदन, जातरूप, तैजस, महारजत, सुवर्ण, सोना, हाटक, हिरण्य, हेम।

स्वस्थ—चंगा, तंदुरुस्त, निरामय, नीरोग, भला-चंगा।

स्वादिष्ट—जायकेदार, मजेदार, लजीज, सरस, सुस्वादु, स्वादु।

स्वाभाविक—अकृत्रिम, कुदरती, जन्मसिद्ध, नैसर्गिक, पैदाइशी, प्रकृत, प्राकृतिक, सहज, सहजात, स्वभावगत, स्वभावज।

स्वामी—अधिकारी, अधिप, अधिपति, ईश, ईश्वर, नाथ, नायक, पति, प्रभु, मालिक, विभु।

स्वेच्छाचारी—अनियंत्रित, उच्छृंखल, तानाशाह, निरंकुश, निर्बंध, यथेच्छाचारी, स्वच्छंद।

हंस—कलकंठ, मराल, सारंग, हंसक।

हत्या—कत्ल, खून, घात, वध, हनन, हिंसा।

हत्यारा—कातिल, खूनी, घातक, घातकी, वधकर्ता, वधिक, संहारक, हंता, हिंसक।

हनुमान्—अंजनिपुत्र, अंजनीपुत्र, आंजनेय, केसरीनंदन, पवनकुमार, पवनपुत्र, पवनसुत, बजरंग, बजरंगबली, महावीर, मारुति, रामदास, रामदूत, वज्रांग, वायुपुत्र।

हरा—अंगूरी, तोतई, धानी, मूँगिया, हरियल, सब्ज।

हर्षित—आनंदित, आह्लादित, उल्लसित, खुश, पुलकित, प्रमुदित, मुदित।

हाथी—इभ, करी, करेणु, कुंजर, कुंभ, गज, दंती, नाग, फील, मतंग, वारण, शुंडी, सारंग, सिंधुर, हस्ति।

हितचिंतक—खैरख्वाह, शुभचिंतक, शुभाकांक्षी, शुभेच्छु, शुभैषी, हितकारी, हितसाधक, हितू, हितेच्छु, हितैषी।

हिमालय—गिरिराज, गिरीश, गिरींद्र, नगपति, नगेंद्र, नगेश, पर्वतराज, शैलेंद्र, हिमगिरि, हिमवान्, हिमशैल, हिमाचल, हिमाद्रि।

हिरन—कुरंग, मृग, सारंग, हरिण।

हीरा—वज्र, वज्रमणि, वज्रसार, हीर, हीरक।

हृदय—अंतर, अंतस्, अंतस्तल, उर, कलेजा, छाती, दिल, हिय, हिया, हृत्पिंड।

□□□